YOU CAN DO EVERYTHING

반드시 해낼 거라는 믿음

전대진 지음

Everything Is Possible For One Who Believes

mindset

YOU CAN DO EVERYTHING

반드시 해낼 거라는 믿음

전대진 지음

인생의 골든 티켓

'쾅!' 2021년 5월 10일 월요일 비 내리는 오후, 도로에서 커다란 굉음이 울렸다. 이내 시간이 멈춘 듯했다. 아무런 소리도 들리지 않았고, 나는 곧 정신을 잃었다. 얼마나 지났을까? 다시 눈을 뜨니 눈앞에 하얀 연기가 자욱했다. 에어백이 터져 있었고, 한 쪽 팔이 너무 고통스러웠다. 귀에서는 충격음에 놀랐는지 '삐-' 하는 소리만 들렸다. 정신을 차려보니 연기 너머로 무언가 보이기 시작했다. 차 주변을 둘러싼 사람들의 웅성웅성하는 소리가 들려왔다. 그때 알았다. '아, 내가 아직 살아있구나.' 바로 그 순간, 내 입술에서 2가지의 고백이 흘러나왔다.

"하나님, 감사합니다. 아직 사명이 남아있음에 감사합니다."
"하나님, 누군가를 도울 기회를 주셔서 감사합니다."

그리고 급히 차 문을 열고 밖으로 기어 나오면서 소중한 기록물이 담긴 바인더를 챙겼다. 차에서 내리자 사람들이 달려와 나를 부축했다. 살면서 처음으로 다리가 풀려서 주저앉았다. 얼마 후 구급차가 왔고, 그 길로 난생처음 병원으로 이송됐다. 차를 폐차할 만큼 큰 사고였지만, 몸에는 아무런 이상이 없었다. 모두가 기적이라고 했다. 아무튼 나는 몸에 별다른 문제가 없으니 통원치료를 하겠다며 집으로 돌아와 잠이 들었다. 그렇게 조용히 넘어가나 싶었지만, 그로부터 몇 달간 사고 당시의 장면과 충격이 떠올라 깜짝깜짝 놀라는 트라우마가 생겼다.

사고 후 다음 날, 침대에 누운 채로 천장을 멍하니 바라보며 '인생의 마지막 순간'에 대한 생각을 했다. 누구도 피해 갈 수 없고, 언제일지도 모를 인생의 마지막을 말이다. 또 미래의 내 장례식 장면을 상상하며 '사람들은 내 장례식장에서 어떤 대화를 할까?'라는 궁금증이 생겼다.

한편, 이런 '죽음'에 대한 사색은 우리를 순수하게 만들고, 진짜와 가짜를 구분하게 한다. 더불어 중요하게 보였던 일과 진정으로 중요한 일을 구분하는 지혜를 배우는 기회를 준다. 나 역시 그 시간을 통해 영원의 관점으로 인생을 바라보게 되고, 지혜의 눈이 떠지면서 이런 확신이 들었다. '사람들은 내가 무엇을 얼마나 가졌는지가 아니라 내게서 무엇을 받았는지를 기억하고 이야기할 거다. 또 얼마나 많은 것을 소유했고, 얼마나 많은 것을 이루었고, 얼마나 유명했는지를 말하지 않을 테다. 대신 전대진이란 사람이 얼마나 이웃을 진정으로 사랑했고, 용서했고, 인정해 주었고, 감동을 주었고, 꿈을 꾸게 했고, 기회를 주었고, 용기를 주었는지를 되새기며, 내가 준 영향과 선물, 경험과 기회, 용기와 꿈 즉, 내가 준 걸 추억할 것이다.'라고 말이다.

바로 그때, 내가 사고 당시 했던 "아직 사명이 남아있다. 내가 살아있어야 할 이유, 내가 할 일이 남아있다."라는 고백이 떠올랐다. 그렇다. 세상에는 내가 도와야 할 사람들이 있다. 내게 기회가 주어졌다는 것은 내가 누군가의 기회가 되어주라는 의미다.

삶은 언제나 우리에게 기회를 준다. 하지만 그 기회를 기회로 알아보는 사람이 있는가 하면, 그저 흘려보내는 사람이 있다. 혹은 그 기회를 홀로 독차지하는 사람이 있고, 기회를 나누고 배가하여 더 많은 기회를 창출하고, 기여하는 사람이 있다. 여기서 우리가 반드시 기억해야 할 인생의 진리는 '삶은 모든 기회를 사람을 통해서 준다.'는 점이다. 그리고 사람의 마음이 닫히면 기회의 문도 따라 닫히고, 사람의 마음이 열리면 기회의 문도 활짝 열린다. 그래서 세상에서 가장 강한 사람은 돈이 많거나 지위가 높은 사람이 아니라 사람의 마음을 얻는 법을 아는 사람이고, 사람들의 마음을 가장 많이 가진 사람이다. 그런 사람은 언제 어디서든 모든 상황 속에서 기회를 만들어 낸다. 왜냐면 사람이 곧 기회이고, 기회가 곧 사람임을 알고 있어서다. 그게 '기버(Giver)'다. 기버에게는 온 세상이 기회를 준다.

나는 인생이 '선물'이고, '은혜'라고 생각하는 순간, 모든 것이 달라졌다. 내가 하는 생각, 말, 행동, 세상을 바라보는 눈이 바뀌었다. 사고 덕분에 다시 한 번 하늘로부터 새로운 제2의 인생을 살아갈 '골든 티켓'을 선물 받았다. 이제는 그 선물을 당신과 나누고 싶다. 이에 나와의 만남이 당신에게도 선물이 되길 바라는 마음으로 이 책을 썼다. 내가 먼저 그 선물을 받은 사람으로서 전하지 않을 수가 없었다.

물론 이 책이 나오기까지 수많은 사람의 도움이 필요했다. 지금의 나를 있게 해주고, 내 모든 글에 영감을 준 어머니, 가난하고 보잘 것 없는 젊은 청년의 열정을 보고, 귀한 시간을 내어주고, 사랑을 베풀어 준 수많은 멘토가 있었다. 그들로부터 받은 사랑을 이제 세상에 다시 돌려주고, 나누는 사람이 되고 싶다. 여전히 부족하지만, 내가 삶에서 깨닫고 적용하며 정리한 지식과 지혜, 경험, 영감과 교훈을 독자들에게 나누고 싶다. 이 모든 기회와 능력을 주신 하나님께 감사한다.

나는 지금도, 앞으로도 많은 일을 할 것이다. 그러나 내가 하는 모든 일은 한곳으로 수렴한다. '사람들의 삶에 긍정적인 변화를 불러일으키는 일!', '인생의 반전과 의미 있는 성공을 돕는 일!'이 그것이다. 이러한 이유로 이 책이 당신의 삶에 골든 티켓이 되길 소망한다. 그리고 이 한마디로 이야기를 시작해 보고자 한다.

"당신의 성공과 행복이 제 꿈입니다."

《반드시 해낼 거라는 믿음》
200% 이상 활용하는 법

1. 글 아래에 배치된 '질문'을 그냥 건너뛰지 마세요. 꼭 생각하고, 기록하는 시간을 가져보세요. 이 책의 시작은 저자 전대진이 했을지 몰라도 완성은 당신에게서 이루어집니다.

2. 눈으로만 읽기보다 눈에 들어오거나 마음에 남는 문장이 있다면, 밑줄을 긋거나 책 모서리를 접어보세요. 내용 중 '독서법'에 관한 내용이 있으니 그대로 적용해 보세요.

3. 더 큰 효과를 얻고 싶다면, 소그룹과 함께 이 책을 읽고, '질문'에 대한 자기만의 답을 함께 나누는 시간을 가져보세요. 독서 모임에서 활용하면 변화에 큰 도움이 될 겁니다.

4. 이 책을 통해 얻은 유익이 있다면, 당신이 운영하는 SNS(인스타그램, 블로그, 유튜브 등)에 포스팅 후, '전대진', '전대진 작가'를 태그해 주세요. 그럼 제가 당신을 찾아가고, 소통하기가 더 쉬울 테니까요. 당신이 변화를 위해 시도하고, 성장하는 모습을 보는 건 제게 큰 기쁨입니다.

5. 이 책이 당신의 변화와 성장에 도움이 됐다면, 그 부분을 다른 사람들과 함께 나누세요. 이 책의 핵심 단어는 '의미', '실행', '변화'입니다. 나에게 의미 있는 일을 찾고, 끈기 있게 실행하면, 변화는 찾아오기 마련입니다. 그러니 당신의 삶에 의미 있는 요소를 찾고, 실행하고, 변화한 점을 사람들에게 이야기해 주세요.

|목 차|

Part 3
인생의 차원을 바꾸는 변화의 기술: 용기를 발휘하라

Part 4
운명을 바꾸는 습관의 기술: 그대로 살아내라

Part 5

마침내 위대해지는 멘탈 관리의 기술: 본질에 몰입하라

Part 6

내 품격을 높이는 마인드셋의 기술: 정성을 발휘하라

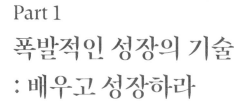

Part 1
폭발적인 성장의 기술
: 배우고 성장하라

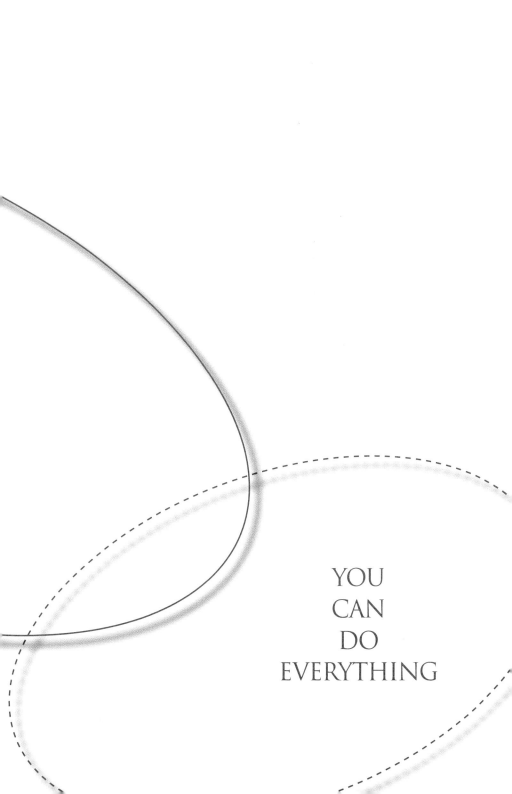

YOU
CAN
DO
EVERYTHING

3,000억 자산가와 하는 대화

나는 내 인생에 변화의 계기가 되어준 ㈜디쉐어의 현승원 의장과의 만남 자체가 큰 선물이었다. 그런 그와 내가 만나면 무슨 이야기를 하는지 많은 사람이 궁금해한다. 현 원장과의 첫 만남에서 나눈 대화를 풀어보자면 다음과 같다.

"의장님, 늘 주기만 하는 입장이었을 텐데 제가 많이 부족하지만, 저는 현승원의 기버가 되고 싶습니다. 왜냐면 의장님 한 분을 돕는 게 결과적으로 대한민국과 세계 각국의 수많은 사람을 돕는 일이라고 확신하니까요. 제가 따라 할 수 있는 움직이는 목표가 되어주셔서 감사합니다." 이런 나의 말에 현 의장은 무척 고마워했다. 그리고 내게 "작가님은 비전이 뭐예요?"라고 물었다.

대부분의 사람은 이렇게 물으면 비전이 없다고 하거나, 얼버무리거나, 직업을 말한다. 하지만 나는 평소 가시화한 '비전선언문'을 갖고 있고, 늘 이를 의식하며 살아온 덕분에 자연스럽게 그 내용을 전달하고, 휴대폰 배경화면으로 설정해 둔 내 '비전'과 '비전 보드'를 보여줬다. 그리고 내가 그를 만나기 전에 그에게서 어떤 영향을 받았고, 어떤 노력을 했는지를 알려줬다. 그랬더니 현 의장은 한 장 한 장 넘겨보면서 감탄했다.

나 또한 그에게 비전을 물었고, 우리는 서로의 비전을 나누었다. 이때 그는 대다수가 본인을 만나면 돈을 어떻게 벌었는지, 어떻게 성공했는지 등 돈과 관련한 질의를 귀에 딱지가 앉도록 듣는다고 했다. 그리고 이어서 "이미 방송이나 인터뷰에서 숱하게 언급했는데 그걸 또 얘기해야 하니까……."라며 아쉬워했다.

그 이후로도 나는 그와 만날 때 돈에 대한 질문은 전혀 하지 않는다. 위에서도 말했듯 조금만 찾아보면 이미 많은 인터뷰나 강의에서 현 의장이 언급해 두어서 굳이 따로 물을 필요가 없다. 그리고 내가 진짜로 궁금한 건 그 '사람'이다. 현승원이라는 사람 자체가 궁금하기에 나는 줄곧 그에 관해 묻는다.

사실 나는 멘토를 만나기 전, 항상 그를 위해 진심으로 기도하고, 실제로 만나면 이 말을 꼭 전한다. "귀한 시간을 내주셔서 진심으로 감사합니다. 바라기는, 저랑 있을 때만큼은 멘토님의 마음이 더 편안해지면 좋겠습니다. 저와의 만남이 멘토님에게도 선물이면 좋겠습니다." 더불어 그의 삶과 사업에 도움이 될 책을 건넨다. 성공한 사람 대부분 독서 습관이 있으니 좋은 책을 선물하고 싶어서다. 그런데 그들로부터 "제목 보고 고르고, 베스트셀러라고 해서 구매했는데, 보는 내내 속았다는 생각이 들고, 돈이 아까워서 끝까지 읽은 책이 많습니다."라는 소리를 꽤 많이 듣는다. 그때마다 책을 잘 만나야 한다는 생각이 절로 든다.

한편, 나는 좋은 책을 고르는 능력이 있다. 그래서 이를 적극 활용해 성공한 사람들의 수고를 덜어주는 역할을 자처한다. 다름 아니라 틈틈이 도움이 될 만한 자료와 책을 선별한 리스트를 보내는데, 그러면 그들은 "와! 다 읽어 볼게요."라고 하거나 "이 책은 어때요?"라고 묻기도 한다.

이런 교류가 이어지니 멘토는 내 강점을 알고, 구체적으로 칭찬해 주고, 궁금했던 걸 물어보곤 한다. 나는 성실하게 답하고, 모르는 부분이 있으면 아는 척하지 않고, 그 부분을 더 잘 아는 사람에게 물어보고, 전달한다. 이렇게 행동하는 데에는 멘토에게도 기버이고 싶고, 지혜의 보따리가 되고 싶은 소망이 담겨 있다.

이런 내게 어느 날, 현승원 의장은 식사하던 중 대뜸 나에게 "부럽다."고 했다. 수많은 사람에게 존경받고, 엄청난 성공을 이룬 30대의 3,000억 자산가, 개인적으로는 존경하는 형님이 도대체 나의 어떤 점이 부러운지 궁금했는데, 그는 이내 차분한 미소를 지으며 아래처럼 이유를 설명했다.

"대진아, 나는 책만 많이 보는 건 부럽지 않아. 돈만 많이 버는 것도 전혀 부럽지 않아. 실행만 많이 하는 것도 부럽지 않아. 그보다 배운 것을 그대로 적용해서 자신과 타인의 삶에 즉각적인 변화와 성장으로 이어 가고, 또 그것을 너 스스로 날마다 생생하게 느끼며 사는 게 부러워. 책을 읽고 배운 내용을 그대로 삶에 적용해서 네 삶에 변화가 일어나고, 주변 다른 사람들에게 네가 가진 지식과 경험으로 도와주면서 그들이 변화하고, 그 과정에서 돈과 욕망을 좇지 않아도 돈과 기회는 자연히 따라오니까 너는 그 일을 하면 할수록 재미있을 거야. 대부분의 사람은 일을 하는 과정에서 자신이 소진되고, 결과를 내기 위해 달려가지만, 너는 일을 하는 과정 자체가 네게는 동력인 거야. 그리고 넌 과정과 본질에 집요하게 집중해. 그런데 그게 가시적인 성과나 결과와 별개일까? 절대 아니거든. 따지고 보면 진짜 좋은 결과를 만드는 비결이지. 너는 또 그렇게 하루 동안 네 모든 열정을 다 쏟아내고 나면, 받은 감동과 은혜를 묵상하며, 그것을 기록으로 남기고, 네가 하는 일을 통해 행복하고, 성장하고, 영향받을 사람들을 떠올리면서 공부하고, 그걸 정리해서 사람들이 보기 좋게 콘텐츠로 제작해서 공유하지. 그러면 거기에 사람들이 반응하는 게 고마워서 너는 더 좋은 걸 주려고 또 책을 읽고, 네 삶에 적용하고. 당연히 넌 계속 성장하고, 네가 성장할수록 사람들에게 더 많은 걸 나누면서 그 상황에 감사해서 그러한 마음으로 일을 하고, 사람을 대하고, 책을 읽고, 적용하겠지. 한마디로 '인생의 선순환'을 제대로 탄 거야. 분명 치열하게 사는데, 동시에 여유롭지. 생각하고, 사색하며, 삶의 여유를 갖고, 그 여유가 또 시간을 허비하는 게 아니라 그 속에서 새로운 아이디어와 창조적인 생각이 나오니까 너한테는 잘 쉬는 것도 아주 중요한 일일 거야. 크! 도대체 세상에 이런 직업이 어디 있냐? 좋아하는 일, 잘하는 일, 남을 돕는 일, 돈 버는 일 4박자가 다 맞아 떨어지는 너는 세상에서 가장 행복한 일을 하는 사람이야."

이처럼 우리의 대화에서 가장 많이 오가는 키워드는 '비전'과 '가치'다. 즉, 어디에 가치를 두고, 어떠한 가치를 추구하며, 그것을 위해 오늘을 어떻게 가치 있게 사는지, 어떠한 가치를 세상에 제공하고, 남기고, 나누었는지, 무엇을 위해 살아갈 것인지를 얘기한다. 그리고 나는 그에게 배운 점을 하나도 빠짐 없이 내 삶에 그대로 적용해서, 생긴 변화와 감동을 나의 비전을 추구하는 과정에서 일어난 스토리에 가치를 담아 선물한다. 그랬더니 그가 가는 곳마다 나를 칭찬하고, 자랑하고, 추천했다는 소식이 들려온다. 서로가 서로를 자랑하게 된 셈이다. 이로써 더 확실해진다. 기버가 압도적으로 성공하는 이유는 당장 눈앞의 돈이 아닌, 사람들의 보이지 않는 마음을 얻은 덕분이라는 이치를 말이다.

초일류와 1:1로 만나는 방법

많은 사람이 나에게 묻곤 한다. "보통 사람들이 만나고 싶어도 만날 기회가 없는 성공자들을 어떻게 만날 수 있었나요?"라고.

한편, 개인 네트워크에서 연 매출 1조를 달성하며 네트워크 마케팅 분야에서 모르는 이가 없는 신화적인 인물, 나카지마 가오루는 위 질문에서 언급된 성공자들을 가리켜 '초일류'라고 한다. 초일류는 단순히 경제적 규모가 아니라 자신의 목표를 알고, 오로지 그 목표를 이루기 위해 극한의 노력을 기울인 이들을 의미한다. 그리고 1회 수강료 2억 5,000만 원인 세계 최고 리더십 전문가이자 경영 컨설턴트인 마셜 골드스미스는 말한다. "도움을 받아야 성공할수 있다. 기꺼이 도움을 요청하라. 당신은 당신이 생각하는 것보다 훨씬 도움이 필요하다!"

그렇다면 초일류에게 도움을 받는다면 어떻게 될까? 최근 자기 계발 열풍이 이어지고 있는데, 안타깝게도 '자기중심적으로' 하는 사람이 많아 보인다.

그로 인해 이상하게 변질된 개념이 하나 있는데, 바로 "거인의 어깨에 올라타라."는 말이다. 이는 자기의 네임 밸류가 떨어지면 본인보다 높은 사람의 권위와 힘을 빌려서 최단기간에 성공하는 방법인데, 나는 여기에 대한 내 생각을 강연할 때마다 이렇게 말한다.

"거인은 우리가 생각하는 것 이상으로 바쁩니다. 또 상상할 수 없을 만큼 책임질 일이 많습니다. 따라서 그 어깨가 굉장히 무겁습니다. 게다가 거인의 시간은 가치가 다릅니다. 시간당 책정된 금액이 일반인과는 현저히 다르니까요. 그런데 사람은 누구나 자기에게 유익한 사람을 만나고 싶어 합니다. 거인도 마찬가지입니다. 더욱이 그들은 시간적인 여유도 많지 않습니다. 이런 상황에 얼굴 한번 본 적 없는 나를 위해 시간을 내주고, 자기 어깨를 빌려줘야 할 이유가 있을까요? 여러분이 거인에게 그만한 가치를 줄 수 있는 사람인가요? 그러니 거인의 어깨에 올라타겠다는 궁리는 내려놓고, 거인의 어깨를 덩실덩실 춤추게 만들어 줍시다. 그러면 거인이 여러분을 자기의 어깨에 올려줍니다. 내가 올라타는 게 아니라 거인이 올려주는 겁니다."

이쯤에서 거인들을 만나기 전에 당신이 반드시 알아야 할 5가지를 소개한다.

첫째, 거인과 만날 수 있는 최소한의 참가 자격을 갖춰야 한다.
놀이공원에서 놀이기구를 탈 때, 신장 몇 cm 이상부터 이용 가능하다는 문구를 본 적이 있을 거다. 다시 말해, 가장 키가 클 필요가 없이 '마지노선'을 통과하면 된다는 의미다. 마찬가지로 성공한 사람들과 만나려면 최고까지는 아니더라도 '적정 수준'까지는 올라가 있어야 한다. 참고로 성공한 사람들은 아무나 만나지 않는다. 위에서도 얘기했듯 그들의 시간은 일반인과는 다르다. 따라서 적어도 나와 만나는 게 시간 낭비라는 생각이 안 드는 사람이 돼야 한다.

나는 '청년 베스트셀러 작가'로서 다가갔는데, 감사하게도 한 분야에서 일가를 이룬 거인들은 책을 쓴 사람을 존중하는 공통점이 있었다. 특히 그들은 대개 40~60대여서 나를 만나면, 자기의 젊은 시절이 생각난다며 진정으로 귀하게 대해주었다. 자신의 분야에서는 초일류이지만, 나의 분야는 잘 모르니 존중하는 마음이 배어있었다.

둘째, 거인을 만나고 싶은 이유와 동기가 분명해야 한다.

나는 내가 무슨 일을 하는 사람인지를 밝힌 후에 내가 도움을 받으려는 목적과 동기가 나 혼자만의 성공을 위해서가 아닌, 내가 성장하여 훗날 나도 당신처럼 '지금의 나'와 같은 사람과 더 많은 사람 그리고 사회에 기여하는 사람이 되겠다는 메시지와 함께 만남을 요청했다. 그렇게 만남이 이뤄지곤 했다.

셋째, 거인과 만날 환경 세팅이 필요하다.

알다시피 초일류들은 하나 같이 '성공한 기버'다. 이유인즉, 사업도 결국 사람이 하는 일이고, 사람과 사람이 관계 속에서 신뢰를 형성할 때 지속할 수 있는데, 기버가 아니면 그 위치까지 올라가는 게 불가능하고, 한계가 드러나기 때문이다. 당연히 그들은 경제적 성공은 이미 이루었고, '매슬로우 욕구 5

단계'의 가장 상위 부분인 '자아실현'과 '사회 공헌'을 추구한다. 이로써 구호 단체의 고액 기부자 클럽에 소속된 경우가 많다. 그런데 의도하지 않았지만 돌이켜 보면, 내가 평소에 구호 단체에 관심을 갖고, 나보다 어려운 이웃들을 도우며 후원하는 삶이 초일류들과 만날 확률을 높이는 환경 세팅이었다. 이렇게 그들과 공통의 가치를 추구하는 기버인 사실을 확인하면, 감동적일 때가 많다. 반면, 수많은 사람이 그들의 성공을 이용하고, 자기의 이익을 위해 편승하려 한다. 현실이 이러하니, 선한 의도를 갖고 실제로 그렇게 삶을 사는 젊은이를 만나면, 그 모습이 귀해서 거인들은 든든한 지지자가 되어주었고, 기버는 기버를 만날 때 역사가 이뤄진다는 걸 체험했다.

이때 다음 만남을 지속하게 만드는 건 '겸손'과 '용기'다. 나는 언제나 미팅이 끝나고 헤어질 때 이렇게 말한다. "오늘 배운 귀한 가르침을 절대 잊어버리지 않고, 곧바로 실천하겠습니다. 그리고 제게 베풀어 주신 섬김을, 저도 성장해 더 많은 사람의 유익을 위해 나누겠습니다. 제가 오늘 배운 것들을 실천하고, 스토리가 생기면 알려드려도 괜찮을까요?" 그러면 모든 거인은 말했다. "물론입니다. 그래 주면 저야 감사하죠! 저도 당신의 성장이 기대됩니다."라고.

넷째, 거인을 만나 전달할 수 있는 나만의 스토리가 있어야 한다.

나는 거인을 만날 때는 반드시 '질문지'를 만들어서 간다. 그토록 만나고 싶었던 사람과 막상 마주하면 무슨 말을 해야 할지 몰라서 당황할 수 있다. 그러니 반드시 사전에 질문지를 작성해서 가라. 이런 모습을 보여주는 것만으로도 당신은 감동을 주고, 좋은 인상을 심어줄 수 있다. 성장 중인 사람이 성공한 사람에게 보여줄 수 있는 최고의 선물은 바로 겸손히 배우려는 자세이다.

살짝 팁을 주자면 내가 어떤 가치를 추구하고, 무엇을 위해 일하는 사람인지, 비전에 대해 머뭇거리지 않고 말할 수 있어야 한다. 초일류들은 본격적인 대화를 시작하면, 가장 먼저 "당신의 비전은 무엇인가요?"라고 물었으니까. 그리고 그들의 사무실에는 시각화된 사명, 비전선언문이 있었다. 또 나는 거인과 만나고 난 후, 반드시 그날 배운 점의 실천을 약속하고, 실천하는 과정에서 스토리가 생기면 이를 공유한다. 여기에 거인들은 감동하여 하나라도 더 알려주려고 한다. 그 과정에서 도움이 필요하면 다른 사람도 소개해 준다. 재미있는 건 거인이 소개한 사람도 거인이라는 거다. 그렇게 드라마가 연속된다. 소개받은 덕분에 일이 훨씬 수월해지니 말이다. 한마디로 인생의 선순환에 들어섰다고 할 수 있다.

다섯째, 받은 도움에 대한 감사와 피드백을 해야 한다.
나는 누군가에게 도움을 받으면 반드시 마음으로나 물질적으로나 감사함을 표현한다. 그리고 멘토들에게는 시간이 지나도 정기적으로 감사 연락을 한다. 이처럼 관계를 지속하는 가장 효과적인 방법은 '표현하는 감사'이다. 혼자 마음속으로 품고만 있는 감사는 안 하는 것과 똑같다. 하지만 안타깝게도 사람들은 감사할 줄을 모른다. 도움을 받고도 아무 소식이 없다가 본인이 필요할 때 다시 연락을 한다. 이런 자세는 거인은 둘째 치고 모든 사람이 싫어한다. 그래서 우리는 반드시 '또 보고 싶은 사람'이 돼야 한다.

　이 같은 이유로 나는 멘토들을 만날 때 언제나 '내가 삶으로 살아낸 이야기'를 안고 간다. 여기에는 멘토가 내게 가르쳐준 가르침을 바탕으로 삶에서 실천해서 몸부림친 시행착오의 과정과 결과물이 담겨 있다. 그리고 내가 하나하나 신나게 풀어놓으면 멘토들은 나를 바라보며 미소 짓고, 감탄한다. 이것이 내가 멘토들과 계속해서 만남이 지속되는 비결이다. 수천억 자산가인 한 멘토도 말했다. "같이 있으면 기분이 좋아지는 사람이 있어요. 당신이 치열하게 자기 삶을 살고, 배움을 실천하고, 또 실천한 내용을 나눠주며, 감사함을 표현하고, 볼 때마다 놀랍게 성장해서 나타나니까 가르침을 준 사람은 당신이 자꾸 또 보고 싶어지고, 다음 만남을 기대하게 될 거예요. '다음에 만날 때는 이 사람이 또 어떻게 달라져있을까?' 하고 말이죠."

멘토를 선정하는 4가지 기준

내게는 상대를 멘토로 받아들이기 전에 항상 스스로 하는 질문이 있는데, 다음 4가지로 요약할 수 있다.

첫째, '우연의 산물인가, 인과의 산물인가?'

둘째, '로드맵을 가지고 있는가?'

더 자세히는 '개인적인 경험담만 늘어놓는가, 구체적인 로드맵을 제시하는가?', '또 그 로드맵을 따라 해서 성과를 낸 사람이 있는가?', '있다면 그에게만 적용되는가, 다른 사람들에게도 적용되는가?'이다.

이해를 돕기 위해 '인스타그램'을 예로 들어보자. 여기에 2명의 사람이 있다. 당신이 성장하기 위해서는 누구를 멘토로 삼아야 할까? A는 인스타그램이 생긴 초기에 진입해서 인플루언서가 됐다. 경쟁자가 없고, 알고리즘의 제한이 없던 시절이라서 수십만 팔로워를 모아 빠르게 성장했다. B는 성공한 사람들의 사례를 분석하고, 분류 작업을 거친 후에 자기만의 매뉴얼을 만들어 충분히 인과관계를 설명할 수 있다. 또 이를 활용해 다른 사람들도 인플루언서로 성장시킬 수 있다. 당연히 당신이 멘토로 선택할 사람은 B다. 전자는 본인 성장만 가능한 반면, 후자는 자기 성장은 물론 다른 사람도 성장시킬 수 있어서다.

나는 이를 실제로 체험했다. 3년 전 인스타그램 계정을 해킹당해서 10만 팔로워를 잃었다. 그리하여 0에서 다시 시작해야 했는데, 이미 인스타그램의 알고리즘이 많이 변화했고, 경쟁자가 너무 많아진 상태였다. 그래서 나는 B와 같은 당시 인스타그램 브랜딩 강사 1위 '엠마쌤'을 찾아가서 배웠다. 그리고 2년 만에 15만 명 이상의 팔로워가 생겼다. 이전에 10만 팔로워를 모으기까지 6년 넘게 걸린 것과 비교하면 월등히 빠른 속도로 거둔 성과였다.

셋째, '남에게 가르치고 말하는 대로 본인도 그렇게 살고 있는가?'

개인적으로 이 부분이 가장 중요하다고 생각한다. 지식과 정보를 전달하는 데서 그친다면 '강사'이고, 본인이 실제로 그렇게 살고, 살아낸 걸 말하면 '멘토'이며, 타인의 삶에도 영향을 주며, 변화를 일으킨다면 '스승'이니까.

넷째, '성장의 과정을 보여주는 기록물이 있는가?'

이건 선택 사항이다. 스스로 기록을 많이 한 사람이 있고, 부족한 부분은 다른 사람에게 위임하는 사람도 있어서다. 기록물이 남아있다면 꼭 벤치마킹해라.

멘토를 구하는 10단계

많은 사람이 힘들 때마다 조언을 구하고, 살아가는 데 있어서 지혜를 줄 수 있는 멘토의 존재를 원한다. 하지만 그런 대상을 어떻게 찾고, 어떻게 만드는 지 방법을 몰라 답답해하곤 한다. 만일 현재 당신도 그러한 상태라면 다음 10 개의 단계를 적용해 보길 권한다.

첫째, 주변에 소개를 요청해라.

평소에 대화할 때, 당신이 겪고 있는 문제나 원하는 목표를 이야기해라. 그리고 "혹시 이 문제 해결에 도움을 줄 수 있는 사람이 있을까요?"라고 묻고, 소개를 부탁해라. 실제로 소개는 아주 효과적인 성공 전략이다. 그런데 "건강한 사람에게는 의사가 쓸모가 없다."는 말이 있듯, 내가 성장하기 위해서는 '대단한 사람'이 아니라 '필요한 사람'을 만나야 한다. 제때 필요한 도움을 줄 수 있는 'Key man'을 만나야 하는 것이다. 이를 위해서는 당신의 문제와 목표를 명확하게 전달할 필요가 있다. 이는 질문이 명확할수록 분명한 대답을 들을 수 있는 것과 같은 이치다. 한편, 이 방식은 당신의 성장 수준과 영향력에 따라 효과가 천차만별로 달라진다. 당신이 성장하는 만큼 소개해 주는 지인들의 사회적 수준도 그만큼 달라질 것이다.

둘째, 두각을 드러내는 사람들을 조사해라.

당신의 인간관계망 중 직업적인 성장과 미래 발전을 위해 부지런히 행동하고 있는 사람이 있는가? 자기 계발에 힘쓰고 있는 사람이 있는가? 크든 작든 성과를 내고 있는 사람이 있는가? 있다면 그를 찾아가라. 그리고 "당신의 삶에 영향을 준 멘토가 누군가요?", "당신의 변화를 도운 사람이 있나요?"라고 직접 물어보자. 만일 주변에서 보이지 않는다면, 당신에게 필요했던 콘텐츠를 지속해서 발행하고, 주변에 긍정적인 영향력을 발휘하면서 성공을 이룬 사람들을 조사해라. 그리고 그들을 정기적으로 구독해 가능한 한 많은 정보를 수집해라. 그들에게서 공통으로 인용되는 책이나 언급되는 인물이 있다면, 이를 메모해 두고 찾아서 내 것으로 만들자.

셋째, 평판이 좋은 사람을 찾아라.

유명한 사람을 찾으라는 게 아니다. 그와 관계없이 다른 사람들의 삶에 긍정적인 변화를 일으키고, 좋은 영향력을 끼치는 사람을 찾자. 제아무리 경제적으로 성공했어도 평판이 좋지 않은 사람은 경계하고 조심해라.

넷째, 경청할 줄 아는 사람을 찾아라.

멘토와 꼰대의 차이는 '상대를 존중하는 마음'이다. 상대를 존중하는 사람은 상대의 말에 경청하는데, 지혜로운 멘토는 기본적으로 잘 듣는 사람이다. 이를 바탕으로 지혜로운 멘토는 멘티의 강점과 약점을 알아서 강점은 더욱 강화하고, 단점을 보완하는 법을 제시한다. 반면, 상대방의 마음에 대한 이해와 경청이 없이 설교만 늘어놓는 사람은 멘토라 할 수 없다. 상대방의 말에 귀를 기울이고, 그 안에서 교훈을 끌어내는 능력을 갖춘 사람이 진정한 멘토다.

다섯째, 잘못을 지적해 주는 사람을 찾아라.

좋은 약은 입에 쓰고, 좋은 충고는 귀에 거슬리는 법이다. 역사를 돌이켜 봐도 한 나라가 망할 때나 한 개인이 무너지는 전조현상은 곁에서 바른말을 해주는 사람이 없거나 바른말을 듣기 싫어할 때다. 망하고 싶다면, 당신이 듣기 좋은 말만 해주는 사람을 곁에 두고, 바른말을 해주는 사람으로부터는 귀를 막으면 된다. 그만큼 격려와 위로만 해주는 사람은 위험하다. 그러므로 당신이 넘어졌을 때는 위로하며, 일으켜 주고, 당신이 길을 잃었을 때는 방향을 제시해 주고, 당신이 지쳤을 때는 격려하며, 동기를 유발하지만, 당신이 잘못된 방향으로 가고 있을 때 따끔하게 지적하고, 아닌 건 아니라고 충고해 줄 수 있는 사람이 있다면 그를 잡아라. 그야말로 훌륭한 멘토다. 즉, 멘토는 당신이 듣고 싶은 말보다 필요한 말을 해주는 사람이어야 한다.

여섯째, 나에게 없는 강점을 가진 사람을 찾아라.

사람들은 관심사가 겹치고, 공감대가 잘 형성되는 사람을 좋아하는 경향이 있다. 그러나 멘토를 찾을 때는 이와 반대로 하는 게 현명하다. 예를 들어 운동할 때, 항상 했던 익숙한 동작만 하면 그 부위만 발달하고, 점점 자극도

무뎌지며, 흥미도 떨어진다. 하지만 기존에 하지 않았던 동작을 하면 다양한 부위가 자극되고, 지루하지 않으며, 몸이 균형 있게 발달한다. 이는 어느 영역에서든 마찬가지다. 당신이 지속해서 성장하도록 새로운 영역에 도전할 영감을 주고, 새로운 강점을 개발하도록 자극을 주는 사람을 찾아라.

일곱째, 세상 모든 곳이 교실이라는 마음을 가져라.

감사함으로 받으면 버릴 것이 없고, 내가 배우고자 하면 세상 모든 사람이 스승이다. 이러한 열린 마음은 평생 성장하는 자세이고, 보이지 않는 기회의 신호를 잡는 안테나와 같다. 뜻밖의 기회가 언제 어디에서 찾아올지 모르니 늘 귀를 열고, 마음을 열고, 학생의 자세를 유지해라.

여덟째, 감사의 메일을 보내라.

성공한 사람은 책을 쓴 경우가 많은데, 대개 책날개 부분에 저자의 이메일, 홈페이지, 운영 중인 SNS 주소 등을 오픈해 두었다. 이를 적극 활용해 메일을 보내라. 이때는 당신이 어떤 사람인지, 어떤 경로로 상대방을 알게 됐는지부터 밝히고, 당신이 그에게서 새롭게 배우고, 깨달은 점 그리고 당신의 삶에 적용한 부분을 정리해서 첨부해라. 이왕이면 사진이나 동영상이 좋다. 이렇게 그에게서 당신이 받은 긍정적인 영향과 변화에 대한 감사한 마음을 표현하다 보면 멘토와 멘티의 관계로 발전할 수 있다.

아홉째, DID 정신을 발휘해라.

만나고 싶다고 요청하라는 뜻이다. 이는 여덟째 내용과 이어진다. 당신이 존경할 만한 성공한 사람들은 대부분 기버 성향이 있어서 자신의 지식과 경험, 삶의 지혜를 다른 사람에게 공유하는 것을 기뻐한다. 그러니 감사한 마음과 함께 만남을 요청해라. 되든 안 되든 만남을 결정하는 건 상대방의 몫이다. 안타깝게도 많은 사람이 '저렇게 유명하고, 대단한 사람이라면 내 메시지는 읽히지 않을 거야.'라고 단정하고, 시도조차 하지 않는다. 그런데 그건 아무도 모를 일이다. 다시 한번 강조하지만, 결정은 상대 몫이고, 시도는 내 몫이다. 시도하지 않으면 확률은 영원히 0%이다. 하지만 시도하는 순간 확률은 'YES or NO'로 반반, 무려 50%나 된다! 이를 《내 상처의 크기가 내 사명의 크기다》의 저자 송수용은 'DID(들이대) 정신'이라 한다.

열째, 자신을 배움의 현장으로 계속 밀어 넣어라.

한 분야에서 성공하고, 유명해지면, 사람들에게 주는 역할은 많이 하지만, 자신을 채우는 시간은 급격히 줄어든다. 그런데 생각해 봐라. 들숨 없이 날숨만 하면 당연히 죽는다. 이와 같은 개념으로 공급이 사라지면 고갈된다. 내가 항상 새로운 분야에 도전하고, 새로운 스승과 멘토를 찾아다니는 것도 같은 이유다. 설령 내게 가르침을 주는 사람이 그 영역에서 초보이거나 나이가 한참 어릴지라도 그 분야를 전혀 모르는 나에게는 엄연한 선배다. 그러니 배울 때는 나이는 잊어라. 또 우리에게 새로운 배움이 필요한 까닭에 기술이 차지하는 중요도는 20%에 불과하다. 80%는 새로운 사람들과 만나며, 새로운 자극을 받고, 긍정적인 영향을 받기 위해서다. 그리고 영향을 받는 사람이 영향을 줄 수 있으며, 영향을 주고받는 사람의 인생에는 반드시 변화가 일어날 수밖에 없다.

폭발적으로 성장하는 멘토링 비결 6가지

세계에서 가장 영향력 있는 리더십 전문가이자 초대형 베스트셀러《1분 경영》,《칭찬은 고래도 춤추게 한다》의 저자인 켄 블랜차드는 그의 저서《1분 멘토링》에서 멘토를 찾아내고, 멘토와 함께 성공하는 방법을 제시한다. 바로 아래 요소로 구성된 '멘토 모델'이다.

> **<켄 블랜차드의 멘토 모델>**
>
> ① Mission(사명 선언)
>
> ② Engagement(관여)
>
> ③ Network(관계망 구축)
>
> ④ Trust(신뢰 구축)
>
> ⑤ Opportunity(기회의 공유)
>
> ⑥ Review and Renewal(점검과 재시작)

나에게도 여러 멘토가 있고, 나 역시 멘토로서 전국의 수많은 멘티와 관계망을 구축하고 있다. 그리고 나는 멘티들에게 멘토를 만나기 전에 준비해야 할 것, 멘토를 만난 후 해야 할 것, 다음 만남에서 해야 할 것 등과 같은 멘토를 대하는 자세를 강조한다. 이유인즉, 내 삶의 터닝 포인트는 좋은 멘토와의 만남이라고 확신해서다. 부연 설명을 하자면, 나는 멘토들과 좋은 네트워크를 형성함으로써 다양한 기회를 얻을 수 있었고, 그에 보답하고자 나도 멘토들에게 여러 아이디어를 제공한다. 역으로 나도 멘티들로부터 많은 영감과 도움을 얻고, 그들에게 기회를 공유한다. 혹 당신도 이런 관계를 원한다면 아래 '멘토링 가이드 6단계'를 따라 해봐라.

첫째, 멘토링 관계의 사명과 목적을 명확히 규정해라.

멘토링을 시작하기 전에는 반드시 서로 간에 멘토링 관계를 통해 얻고자 하는 사명과 목적을 명확히 해야 한다. 왜냐면 명확한 목적이 없는 만남은 단순한 친목 모임에 그치기 때문이다. 더욱이 멘토링이 멘토의 일방적인 헌신이 되면 멘토 입장에서는 만남이 부담스러워지는데, 사명과 목적을 바탕으로 만나면 멘토와 멘티 모두에게 긍정적인 영향을 준다. 그리고 그 내용을 간결한 문장으로 정리해 두고, 만남이 이루어질 때마다 반드시 '멘토링 일지'를 함께 작성해라.

특별히 당부할 부분은 잠재적인 멘토를 만날 때는 꼭 정중하게 예의를 갖춰서 접근하라는 점이다. 그리고 만남이 성사됐다면 시간을 내어준 것에 대해 감사함을 표현해라. 당연한 매너인데, 요즘 감사할 줄 모르는 사람이 많아

한번 짚고 넘어간다. 한편, 성공한 사람들에게 다짜고짜 만나달라고 하는 사람들이 있다. 그가 자기에게 시간을 할애하는 것이 그에게 어떤 유익이 있는지에 대한 언급 없이 그냥 보자는 거다. 그럼 성공한 사람의 머릿속에는 이런 문장이 떠오른다. '내가 왜 그래야 하지? 네가 누군데?'

막상 만나더라도 별다른 할 말이 없는 경우도 있다. 멘토를 만나서 무슨 말을 해야 할지 전혀 준비를 안 한 사람도 있고, 멘토로서 만난 건지 상담사로 만난 건지 구분이 되지 않을 만큼 태어났을 때부터 시작해 본인이 살아온 이야기를 장황하게 늘어놓는 사람도 많다. 그럼 상대방의 머릿속에는 이 문장이 떠오른다. '그래서 뭘 말하고 싶은 거지? 나더러 뭘 어쩌란 거지?'

둘째, 서로의 성격과 일정을 고려하여 관여하는 방법에 대해 합의해라.

이는 첫 만남 그리고 헤어지기 전에 참고하면 좋을 내용이다. 우선 첫 만남 때는 서로에 대해 알아가는 시간을 가지기 위해 마음을 터놓는 진솔한 대화를 해라. 각자가 무엇을 소중하게 생각하고, 어떤 생각과 가치관을 따르고 있는지, 추구하는 가치가 무엇인지, 현재 하는 일은 무엇이고, 그 일을 하게 된 계기나 가장 보람 됐거나 힘들었던 경험 등을 허심탄회하게 이야기하자. 헤어지기 전에는 반드시 온라인, 대면, 전화, 이메일, 메시지 등 다음 만남의 형태와 서로에게 관여하는 방법을 합의하자. 연락을 받기 편한 시간대나 요일도 조율하면 좋다. 참고로 초기에는 가능한 한 얼굴을 마주 보고 만나는 게 훨씬 서로에게 도움이 된다.

셋째, 서로의 네트워크를 활용하여 나의 네트워크를 확대해라.

인생의 모든 기회는 사람을 통해서 온다는 진리를 기억해라. 만남의 접촉 면적이 넓어지고, 다양해지면, 당연히 더 많은 기회를 얻을 수 있다. 그런 기준에서 네트워크는 멘토와 멘티 서로에게 좋은 영향을 준다. 특히, 서로의 인맥 확대에 도움을 준다. 여기서 명심해야 할 부분은 서로를 통해 소개받은 인맥은 더 신중하게 다루어야 한다는 점이다.

넷째, 신뢰를 구축하고 유지해라.

멘토와 멘티도 인간관계라서 관계가 깊어질수록 신뢰도 쌓이기 마련이다. 그러나 소통이 제대로 안 되면 작은 오해가 생기거나 관계에 금이 갈 수도 있다. 신뢰를 구축하는 데는 오랜 시간이 걸리지만 무너지는 건 한순간이다. 따라서 서로에게 늘 진실을 말하고, 정직해야 한다.

다섯째, 함께 성장할 기회를 만들어 가라.

새로운 사람을 만난다는 건 새로운 기회를 만난다는 것과 같다. 그런 점에서 멘토링 관계는 멘토와 멘티 모두에게 이익이다. 또 멘토링 관계의 장점은 만나는 순간에 그치지 않는다는 데 있다. 예를 들어, 직접 만날 때는 설정한 목표의 성취 여부와 진행 상황을 공유하면서 피드백하고, 다음 단계로 가기 위한 계획을 세우는 데 중심을 둔다면, 헤어진 후는 다음 만남까지 멘토링에서 나눈 내용을 실현하는 시간으로, 각자 새로운 도전을 실행해 나갈수록 더 많은 새로운 지식과 인맥, 기회를 얻는다. 그렇게 성장한 상태로 각자의 수확물을 나누면, 서로에게 더 많은 기회를 제공하고, 기여할 수 있다.

여섯째, 주기적으로 발전 정도를 점검해라.

멘토링을 시작할 때 사명 선언을 제대로 해놓지 않으면 길을 잃을 수 있다. 또한 멘토링을 시작한 뒤, 주기적으로 점검하지 않으면, 목표를 향해 제대로 가고 있는지 모를 수도 있다. 반면, 주기적으로 점검일을 설정해 두면, 경각심을 유지하는 데 도움이 된다. 이때 달성되지 않은 사명이 있다면, 새로운 전략을 구상해 볼 수도 있다. 그러니 꼭 일정을 미리 표시해 두고 주기적으로 목표를 점검해라.

Part 2
인간관계 성공의 기술
: 나 자신을 지켜라

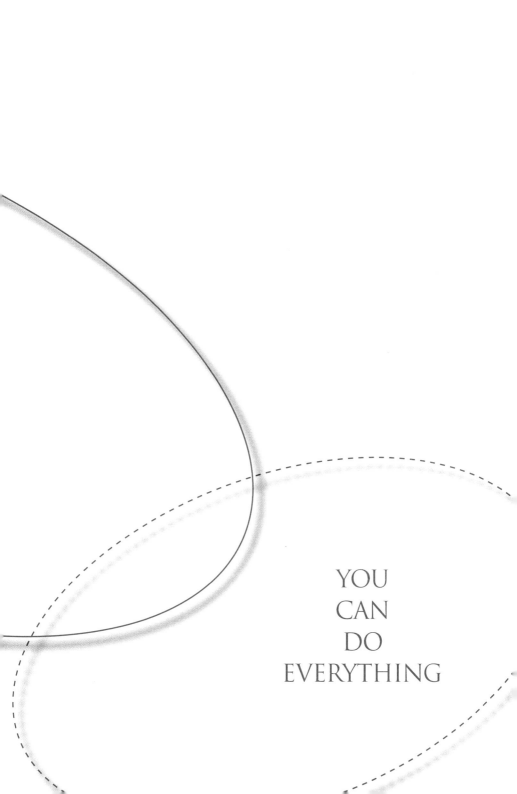

YOU
CAN
DO
EVERYTHING

사랑받는 사람이 되는 방법

개인적으로 나는 내 삶 자체가 누군가에게 영감과 힘을 주는 '롤모델형 메신저'가 되고 싶었다. 설명을 덧붙이자면, 사람들이 보다 더 의미 있게 자기 인생을 살고, 스스로가 꿈꾸는 미래를 이룰 수 있도록 동기를 부여하고, 목표를 성취함으로써 그 행복을 만끽할 수 있도록 구체적인 전략과 방법을 알려주고, 삶의 지혜를 조언하고, 코치해 줄 수 있는 인생 코치, 지혜로운 멘토가 되고 싶었다. 내가 가진 생각과 비전이 나에게도 의미 있지만, 다른 사람에게도 의미 있는 일이라고 확신한 데서 가진 목표였다.

이에 따라 나는 지난 10년간 기회가 될 때마다 내 사명과 비전, 정체성을 모든 장소에서 공유하고, 공개 선언했다. 그랬더니 사람들은 진심으로 나를 응원해 주었고, 나에게 직·간접적으로 많은 도움을 주었다. 이처럼 나는 절대 나 혼자만의 힘으로 성장하지 않았다. 많은 멘토와 주변 사람들의 도움 덕분에 성장할 수 있었다. 그런데 그들은 왜 나를 도왔을까? 아마 내 성공과 그들의 성공이 연결됨을 느껴서인 듯하다. 또한 그들이 판단하기에 내가 꿈꾸는 목표가 가치 있어서 한 행동이라고 믿는다.

한편, 성공을 꿈꾸는 사람들이 모인 모임에 가면 대부분 목표를 발표할 때 '돈을 얼마나 벌고, 원하는 걸 가질 것인지'를 말했다. 그러나 나는 '얼마나 많은 사람을 도울 것인지'를 이야기했다. 갖는 게 아니라 주는 것을 말이다. 그 계획을 입 밖으로 꺼내는 것만으로 나는 그곳에서 특별한 존재로 비쳤고, 그 목표가 이뤄졌든 안 이뤄졌든 그러한 생각과 마인드를 가졌다는 자체만으로 사람들은 나에게 호감을 갖고, 가까워지길 원했다. 《기브 앤 테이크》의 저자 애덤 그랜트의 말대로 기버들이 각 분야의 최상위 성공자들이기에, 기버들은 내 생각에 공감과 동질감을 느끼며 다가왔고, 그들과 좋은 관계를 형성할 수 있었다.

이렇듯 갖겠다고 하면 온 세상이 경쟁자가 되는데, 주겠다고 하니 온 세상이 협력자가 됐다. 단, 오해하지 말 것은 자기는 가난하게 살면서 남 좋은 일만 하는 삶을 말하는 게 아니다. 나무가 자라서 담장을 넘듯이 내 삶이 충만하게 가득 차서 온 주변으로 흘러가는 모습을 말한다. 참고로 내 가슴을 뛰게 하는 꿈은 '90% 남 주고, 10%로 살아도 풍성히 누리는 삶'이다. 25살 때부터 이 꿈을 가는 곳마다 선포했다. 처음에는 이상하게 생각하는 사람도 있었다. 조롱하고, 비아냥거리는 사람도 있었지만, 내가 계속 성장하는 모습을 보더니 태도가 바뀌었다.

이 같은 기버로서의 정신을 갖고 살다 보면, 얼굴 한번 본 적 없는 사람들이 내 글과 책을 읽고, 영상을 보고 연락이 온다. 다들 삶을 포기하고 싶었는데 희망과 용기를 얻었다거나, 좀처럼 나아갈 길이 보이질 않았는데 복잡한 생각이 정리되고, 삶의 지혜를 얻었다거나, 나도 언젠가 당신처럼 살고 싶다고 한다. 그럴 때마다 나는 내가 살아있음을 느끼고, 내가 정말 많은 사람에게 사랑받고 있음을 느낀다. 더불어 내가 하는 일이 새삼 소중하게 다가온다. 그 책임감과 사명감이 '부담스러운 압박'이 아니라 '우러나오는 열정'이 되어주었다.

알지도 못하는 사람들에게 사랑받는 법은 이렇게 '옳은 일'을 하는 것이다. 당연히 모든 사람에게 사랑받으려고 애쓰라는 의미는 아니다. 영화 〈이보다 더 좋을 수 없다〉에도 이런 대사가 나온다.

"당신은 내가 더 좋은 사람이고 싶게 만들어요."

그렇다. 상대방이 스스로 더 좋은 사람이 되고 싶은 마음을 갖게 해주면 된다.

한마디로 사랑받는 사람이 되는 방법은,
상대가 가치를 느끼는 것을 주는 사람이 되면 된다.

나를 지키면서 인생을 잘사는 법 3가지

세상에서 살아남으려면 가장 먼저 '자기 자신을 지키는 법'을 배워야 한다. 그렇다고 평생 혼자 살 수는 없는 노릇이니 '좋은 관계를 만드는 법'도 배워야 한다.

우선 자기 자신을 잘 지키라는 건 험난한 세상에서 살아남을 수 있음을 증명하라는 얘기다. 그런데 우리가 살아가는 현대의 모습은 어떤가? 자본주의 사회다. 그러하기에 그 속에서 생존하는 능력은 곧 '돈 버는 능력'과도 같다.

다음으로 좋은 관계 만들기는 나를 지키는 법보다 해야 할 이야기가 살짝 길다. 그 방법을 알려주기 전에 한 가지 짚고 갈 부분이 있다. 만일 당신이 주변 사람들에게 "착하다."라는 소리를 자주 듣는 사람이라면, 좋은 소식과 나쁜 소식이 있다. 전자는 세상에는 양처럼 온순하고 온유한 당신의 착한 마음을 소중히 여기는 사람이 많다는 것이고, 후자는 당신의 착함을 이용하려는 늑대 같은 사람이 많다는 거다. 이에 따라 세상에 득실거리는 늑대들로부터

'양'인 당신은 스스로를 지켜내야 한다. 그 방법은 다음 3가지와 같다.

첫째, 같은 양끼리 '무리'를 형성한다.

"흩어지면 죽고, 뭉치면 산다!"라는 말이 있듯 같은 입장의 사람이 모여 상부상조할 수 있는 성장 모임에 들어가라. 그곳에서 성장의 기회를 찾고, 성장의 과정을 공유해라. 조금만 관심을 가지면, 큰 비용 부담 없이 바로 참여할 수 있는 미라클 모닝, 독서 등과 같은 자기 계발 모임에 참여할 수 있다. 그렇게 성장하려는 사람들과 시간을 갖다 보면, 긍정적인 영향을 받아 성장은 자연스레 따라온다. 더욱이 관심사가 비슷해서 '결'이 맞는 사람을 찾기도 수월하다. 즉, 관계를 시작할 때는 실력이 중요하지만, 오래 가려면 무엇보다도 결이 맞아야 한다.

둘째, '사자'를 친구로 두거나 사자가 된다.

실력을 쌓아 레벨을 높이면 자연스럽게 만나는 부류가 달라진다. 그리고 이때 인생의 변곡점을 만나기도 한다. 참고로 여기서 양은 '평범한 사람', 사자는 '성공한 사람'을 상징한다. 그런데 양과 사자가 친구가 되는 경우는 현실적으로 두 가지밖에 없다. 어렸을 때부터 함께 자랐거나 사자가 일방적으로 친구가 되어줘야 한다. 사자에게 줄 수 있는 가치가 없다면 양은 잡아먹히고 마니까. 이같은 이유로 양의 생존과 성패는 전적으로 사자에게 달렸다. 그럼 어떻게 하면 될까? 내가 성공한 사람에게 필요하거나 의미 있는 존재가 되면 된다. 한마디로 성공한 사람의 '모범 사례'가 되면 된다. 그럼 지속적으로 사자의 영향력 아래에서 보호를 받으며 성장하고, 나도 결국에는 사자 같은 사람이 된다.

셋째, '좋은' 리더와 함께한다.

타인의 성공과 행복을 진심으로 돕는 성공한 기버가 있다. 그런 사람을 만나면 놓치지 말고, 그에게 지속적인 영향을 받으며 함께 같은 길을 가길 권한다. 이는 인생의 추월차선에 올라타는 것이나 다름없다. 물론 여기에는 기적 같은 행운과 그 행운을 잡기 위한 용기가 필요하다. 이 모두를 동시에 적용하면 당신은 기하급수적으로 성장한다. 동시에 시행착오가 혁신적으로 줄어든다. 무엇보다 인생의 가장 큰 자산인 소중한 사람을 얻게 된다.

지금까지 얘기한 좋은 관계를 만드는 3가지의 방법은 내가 직접 몸소 실천하고, 실제로 성장하는 과정에서 적용한 방식이다. 그리고 지금도 이렇게 사람들을 돕고 있다. 이를 통해 험난한 세상에서 우리가 자기 자신을 지키면서도 좋은 관계를 맺고, 멋진 인생을 살기 위해서는 반드시 실력을 쌓고, 결이 맞는 좋은 사람과 만나고, 또한 내 삶을 방어할 수 있는 지혜가 필요하다는 이치가 더욱 명확해진다.

인간관계를 잘하는 단순한 비결 3가지

나는 과거에 박애주의자를 가장한 호구였다. 주변 사람들에게 많은 관심을 쏟고, 모든 사람과 잘 지내려고 노력했다. 지금도 그 마인드는 훌륭하다고 생각하지만, 결국에는 내 삶이 피폐해졌다. 예를 들어, 카카오톡에 생일인 친구가 100명이 떴다고 해보자. 그들에게 5,000원짜리 커피 기프티콘만 선물해도 얼마인가? 50만 원이다. 이런 식으로 내 코가 석 자인 사람이 알고 지내는 모두에게 1/N의 관심을 쏟는다면, 과연 긍정적인 결과를 가져올까? 실제로 경험해 본 내가 장담하건대 답은 "NO!"다. 이는 내가 힘이 없으면 모두 나를 떠나고, 헌신만 하다가 이용만 당한다는 걸 철저하게 배운 데서 내린 결론이다.

반면, 그 50만 원을 나의 발전과 성장을 위해 책을 구매하고, 교육이나 세미나에 참석하는 데 사용한다면 어떨까? 대한민국에서 그렇게 비용을 지불하고, 자발적으로 교육에 참여하는 사람은 극소수일 것이다. 또 그들은 각자의 분야에서 뭘 해도 두각을 드러내고 있는 전문가일 테다. 그렇다면 책, 교육, 전문가와의 만남이 주는 파생 효과가 고작 50만 원에 불과할까? 아마 30배, 60배, 100배 때로는 그 이상일 것이다.

여기서 핵심은 교육도 교육이지만, 그보다도 더 중요한 건 사람과의 만남이다. 자기 삶에 변화를 추구하고, 적극적으로 시도하는 사람과의 만남은 큰 영향을 준다. 내가 처음 자기 계발 현장에 갔을 때 느낀 감정만 해도 '여기가 내가 알고 있는 같은 대한민국이 맞나?'였으니 말이다. 분명 똑같은 사람인데 마치 다른 종족을 보는 듯했다. 결코 과장이 아니다. 열정과 분명한 목표 의식을 갖고 사는 사람들과 목표 없이 그냥 하루하루를 사는 사람은 어마어마한 차이가 났다. 의식 수준, 삶에 대한 진정성, 미래에 대한 확신, 실행력, 사람을 대하는 자세, 일을 해내는 능력, 어려움을 극복하는 태도 등 모든 부분에서 말이다. 한마디로 '다른 종족', '다른 세계'에 있는 사람들이었다. 그래서 그곳에서만 느낄 수 있는 '기운'을 받고 싶어서 대구에서 서울까지 수없이 오갔다. 2년에 2만km를 왕복할 만큼. 그리고 그렇게 좋은 영향을 받는 빈도가 늘수록 내 삶에도 변화가 일어나기 시작했다.

늘 똑같이 만나는 사람만 만나고, 가던 곳만 가고, 하던 생각만 하면 변화는 없다. 그러나 그 패턴이 깨지고, 새로운 지식이 들어가고, 새로운 생각을 하면, 행동과 습관에 변화가 일어난다. 나 또한 내 삶에 유의미한 변화가 일어나기 전에 했던 첫 행동은 모든 힘을 '내 자신의 성장'에 집중하고, 투자하기로 한 결정이었다. 또 아래와 같은 3가지를 실천했다. 이유인즉, 내가 100명에게 관심을 분산해서 줄 때는 단 10%만 대가로 돌아왔고, 휴대폰에 저장된 90% 이상은 무의미하게 자리만 차지할 뿐, 1년에 연락 한번 안 했기에.

첫째, 6개월 이상 연락 안 한 번호 지우기.

은사님이나 멘토, 오랜만에 연락해도 어제 만난 것처럼 편안한 지인은 여기에 해당하지 않는다. 한편, 연락처만 저장해놓고 누구였는지도 기억이 가물가물한 사람이 많았다. 또 내가 도움을 준 사람 중 오랜만에 연락이 오면, 다들 돈 빌려달라거나 자기 물건을 판매하려는 의도였다. 그래서 대부분의 번호를 지웠다. 그렇게 했더니 신기한 일이 벌어졌다. 연락할 사람은 SNS로 메시지를 보내서라도 어떻게든지 했고, 그렇지 않은 사람은 자연스레 잊혀갔다. 옛말처럼 보이지 않으면 마음에서도 멀어진다. 그러면 서운할 일도 섭섭할 일도 없어진다. 이와 같이 주어진 상황에 행복해하고, 무의미한 곳에 에너지를 빼앗기지 않으니 성과도 더 잘 났다. 명심해라. 이 사람 저 사람 다 챙기고, 부르는 곳에 다 불려다니는 건, 자기 인생에서 무엇이 진짜로 중요한지를 모른다는 의미다. 몰입하지 못하는 사람은 행복할 수도 없고, 성공할 수도 없다. 진정으로 소중한 일에 집중하기 위해서는 소중하지 않은 대상을 정리하는 시간이 꼭 필요하다.

둘째, 인맥 키우기보다 실력 키우기.

에너지를 1/N로 나누겠다는 자세를 내려놓고, 90% 이상을 나 자신에게 쏟고, 10%를 진정으로 소중한 사람들에게만 쏟았다. 그러자 더 좋은 관계를 유지하게 됐고, 집중한 일에서 큰 성과가 나왔다. 또 하나 재미있는 현상은 내 삶에 괄목할 만한 변화가 일어나자 수많은 사람이 자기 인간 관계망 속에 나를 두려고 온갖 노력을 기울였다는 점이다. 이로써 만남 요청이 쇄도해 급기야 우선순위를 매겨서 '진짜로 만나야 할 사람', '만나고 싶은 사람'만 만났다. 이는 사람을 거른다기보다는 나도 똑같은 24시간을 가진 사람이라서 나름의 원칙을 세운 것이다. 당연히 만남에 있어서는 최선을 다했다. 그렇게 성장하면서 행복할 수 있었다. 두 마리 토끼를 잡은 것이다. 이를 통해 얻은 교훈이 인맥 키울 시간에 실력을 키우자는 거다. 남에게 좋은 사람이 되려고 노력할 시간에 나 자신이 더 좋은 사람으로 성장하면 인생에 반전이 일어난다.

셋째, 중요한 사람에게 기버 되기.

만일 두 번째 방법까지만 실행한다면 자칫 오만해질 위험이 있다. 그래서 나는 아래 세 부류 즉, 내가 '3성'이라고 부르는 1:1로 만나야 할 사람들에게는 일부러라도 의미 있는 시간을 갖고, 긍정적인 영향을 주고받곤 한다. 이로써 관계의 행복을 누리고 있다.

> **<1:1로 만나야 할 사람>**
>
> ① 성장할 사람
>
> 사람에게 투자하자. 당장은 부족하더라도 오늘을 열심히 사는 모습에서 내일이 기대되는 사람. 그런 사람을 응원하고 돕는 건 훗날 엄청나게 발전할 땅을 미리 사두는 것과 같다.

② 성공한 사람

배움에 투자하자. 앞서가는 사람에게 조언을 구하고 배우며, 그들이 겪은 시행착오를 최대한 줄이는 연습을 하자. 가능하다면 1:1로 직접 만날 기회를 만들자.

③ 성숙한 사람

친구에게 투자하자. 나를 돌아보게 만들고, 나 있는 그대로의 모습을 보여줄 수 있고, 내 마음을 편하게 털어놓을 수 있는 사람이 한 사람이라도 있다는 건 인생의 안전벨트와 같다.

| 반드시 해낼 거라는 믿음을 주는 질문 |

지금부터 성장과 행복을 부르는 인간관계를 설정해 보겠다. 앞서 말했듯 이는 소중한 일에 몰입하는 힘을 키워주는 과정이니 아래 질문에 따라 반드시 실행으로 옮겼으면 한다. 자, 휴대폰의 연락처 목록으로 가보자.

<성장과 행복을 부르는 인간관계를 위한 5가지 질문>

질문 1

나 혼자 배려하고 있다는 생각이 드는 사람이 있는가?

함께 할 때 부정적인 영향을 주는 사람이 있는가?

→ 거리 두기

질문 2

지난 6개월간 연락과 왕래가 전혀 없었던 사람이 있는가?

앞으로도 만날 일이 없다고 생각이 드는 사람이 있는가?

→ 삭제하기

질문 3

내가 더 나은 사람이 되도록 힘을 주는 사람이 있는가?

함께할 때 긍정적인 영향을 주는 사람이 있는가?

→ 감사하기

질문 4

내가 항상 도움을 받기만 했던 사람이 있는가?

감사함을 표현할 타이밍을 놓친 사람이 있는가?

→ 도움주기

질문 5

내게 도움을 요청했거나 관심이 가는 사람이 있는가?

그와 내가 결이 맞는가? 열심히 사는 사람인가?

→ 약속 잡기

반드시 해낼 거라는 믿음

일과 관계를 함께 잡는 방법

나는 2015년부터 2020년까지 특정 직업을 꿈꾸는 청소년들을 위해 고민을 들어주는 활동을 한 적이 있다. 우연히 페이스북에 올린 콘텐츠가 큰 반응을 일으키면서 그 직업군을 꿈꾸는 학생들의 구독이 쇄도했고, 순식간에 2만 명이 모여들었다. 그렇게 시작하여 6년간 그들을 위해 많은 활동을 했다. 숱한 감동이 있었고, 좋은 추억이 생겼다.

그러나 동시에 몇 가지 문제가 반복적으로 생겼다. 수시면접 기간만 되면 불안해하는 학생들이 새벽 늦은 시간까지 연락이 왔고, 이 학생들에게 중요한 시기라는 생각에 방송이나 메시지, 통화로 위로해 주곤 했다. 그러다 보니 내 생활 패턴에 영향을 받았다. 게다가 굳이 받지 않아도 될 공격이나 근거 없는 오해, 도움을 받았던 학생들이 합격 후 돌변하는 태도 등으로 서운함을 느끼거나 상처를 받는 상황도 많아졌다. 무엇보다 많은 인원에게 관심과 힘을 분산했더니 진짜로 해야 할 일을 미루게 됐다.

그러던 어느 날, 진지하게 스스로 질문했다. '이 일이 분명 누군가에게 의미 있는 일은 맞지만, 장기적으로 봤을 때 내가 계속 이 일에 집중할 만한 가치가 있을까?'라고 말이다. 대답은 "NO!"였다. 이유인즉, 나는 그 직업에 대한 경험이 없었고, 앞으로도 그 분야에 진출할 계획이 없었으며, 커리어나 매출 향상에 아무런 관련이 없었기 때문이다. 이에 소중한 추억으로 간직하기로 하고 활동을 중단했다.

그 후에 내 본업에 집중했다. 그 결과, 내가 원하는 목표를 초과해서 달성하고, 다양한 성과를 낼 수 있었다. 그 와중에 감사하게도 내가 가끔 지치고, 마음의 환기가 필요할 때가 되면 6년간 사랑으로 대했던 그들이 찾아와 대학을 졸업하고, 취업했다는 소식으로 기쁨을 안겨주곤 한다. 그에 더해 그들은 내가 활동은 중단했지만, 나를 다 지켜보고 있고, 응원하고 있다고 한다. 또 내가 점점 더 성공하는 모습을 보면서 자부심과 용기를 얻고, 자기 일처럼 기쁘다고 한다. 그때마다 피부로 느낀다.

내가 더 행복해지고, 계속 잘되는 모습을 보여주는 게
나를 좋아하는 사람들에게 줄 수 있는 가장 소중한 선물이라는 사실을.

| 반드시 해낼 거라는 믿음을 주는 질문 |

많은 사람이 일과 관계라는 두 마리 토끼를 잡고 싶어 한다. 하지만 말처럼 쉽지만은 않은 게 현실이다. 만일 비슷한 고민을 안고 있다면, 아래의 5가지 질문이 도움이 되어 줄 것이다. 부디 당신도 일과 관계 모두 잡길 진심으로 바란다.

<일과 관계를 함께 잡기 위한 5가지 질문>

질문 1

관계 속에서 나 혼자 노력하는가, 상대방도 노력을 기울이는가?

상대방에게 나와의 관계를 위해 투자할 기회를 주는가?

_____

_____

질문 2

관계로 인해 긍정적인 영향을 받고 있는가, 악영향을 받고 있는가?

내 일상과 업무와 기분에 어떤 영향을 미치고 있는가?

_____

_____

질문 3

중요한 일에 제대로 집중하고, 지속해서 성장하고 있는가?

내가 해야 할 일에 먼저 우선순위를 두고 있는가?

_____

_____

질문 4

내 임종의 순간을 떠올린다면, 그와의 관계는 어떤 의미가 있는가?

내가 지금 그에게 쏟고 있는 모든 노력이 어떻게 느껴지는가?

_____

_____

질문 5

악영향을 주는 관계를 계속 끌고 나가고 있는 이유는?

이 관계를 끊거나 개선하기 위해 할 수 있는 일이 있는가?

_____

_____

반드시 해낼 거라는 믿음

지혜롭게 거절 잘하는 기술

거절을 못하는 사람들에게는 3가지 특징이 있다. 우선, 거절하면 상대방이 자기에게 실망할까 봐 두려워한다. 둘째, 본인을 부정적으로 판단할까 봐 걱정한다. 셋째, 어떻게 거절해야 할지 방법을 모른다.

나도 같은 이유로 거절하지 못해 지친 적이 많다. 물론 성장해 나가는 초기에는 다양한 사람과 만나면서 교류하고, 기회를 얻기 위해 가리지 않고 최대한 많은 요청을 수락해야 할 수도 있다. 하지만 어느 정도 지나면 반드시 거절하는 법을 숙지해야 한다. 그래야 내 삶이 무너지지 않는다. 만일 당신이 모든 부탁에 "YES!"를 외치는 순간, 호구로 전락하게 될 것은 불을 보듯 뻔하다.

그럼 어떻게 하면 지혜롭게 거절할 수 있을까? 가장 현명한 방법은 '질문으로 탐색하기'이다. 시시콜콜한 대화를 주고받는 사적인 관계가 아닌 이상, 모든 만남에는 목적이 있다. 특히, 만남을 요청한 쪽에서는 나에게 얻고자 하는 게 있다. 그렇다면 아예 처음부터 그 부분을 먼저 물어보면 된다. 어떤 이유로 나와 만나고 싶은지, 내게 어떤 도움을 요청하는지를 말이다. 그에 대한 답을 통해 꼭 필요한 만남인지, 꼭 나여야만 하는지, 만난다면 얼마만큼의 시간을 쏟아야 할지 가늠할 수 있다.

이와 관련해 잊지 못할 에피소드가 있다. 5년 전, 한 남성이 다짜고짜 내가 일하는 곳에 찾아와서 만나달라고 하는 바람에 난처한 상황이 벌어졌다. 그는 "제발 사람 한 명 살린다고 생각하고 10분만 내주세요."라며 내 손을 거의 질질 끌다시피 했고, 어쩔 수 없이 바로 앞의 카페로 자리를 옮겼다. 그런데 그는 만남의 목적을 이야기하지 않고, 자기가 살아온 인생사를 늘어놓았다. 심지어 내가 말할 틈도 주지 않았다. 이에 나는 일하다가 나와서 뭐 하는 짓인가 싶은 생각마저 들었다. 그 찰나에 그는 내가 후원하고, 돕고 있는 어려움에 처한 학생들을 비하하고, 무례한 말을 아무렇지 않게 해댔다. 더는 참을 수 없어 그대로 일어나 돌아왔다. 또 한번은 일단 만나서 얘기하자고 하더니 본인 네트워크 사업에 나를 끌어들이려고 주구장창 내가 관심도 없는 사업 설명을 했다.

하지만 이제는 다음과 같은 질문을 던지며 이러한 만남은 사전에 거른다. "먼저 제가 도와드릴 수 있는 부분이 있을지 궁금한데, 저와 대화하고 싶은 주제가 뭘까요? 제게 특별히 바라는 요청 사항이 무엇인지 자세히 설명해 주시겠어요? 메시지로 정리해서 남겨주시면 제가 여유로운 시간에 꼭 읽고, 고민해서 답장 드리겠습니다." 직접 활용해 보니 2가지의 장점이 있다.

첫째, 불필요한 만남을 거를 수 있다.

정말 내 도움이 필요한 사람이라면 나에게 무엇을 요청할지 정확하게 정리하고, 준비하는 노력을 기울일 것이다. 반면, 만남의 목적을 묻고, 어떤 도움이 필요한지를 물었는데, 이에 대해 답장조차 남길 성의가 없는 사람이라면 만날 가치가 없다. 혹여라도 그들을 만난다면 무의미한 잡담을 들으며, 애먼 시간만 확인하다가 돌아와야 할 것이다. 이러한 이유로 나는 갑작스럽게 들어온 요청은 특별한 이유가 아니라면 지양한다. 상대방은 나를 가볍게 한 번 만나보려고 제안했을 수도 있지만, 내 시간은 소중하니까. 그렇게 내 삶을 적극적으로 방어한다.

둘째, 도움이 필요한 사람을 제대로 도울 수 있다.

세상 모든 사람을 내가 다 도울 순 없다. 그런 일은 불가능하다. 그런데 상대방의 요청을 잘 들어보면 굳이 만나지 않더라도 메일이나 메시지 한 통으로 끝날 수도 있고, 내가 직접적으로 도움을 줄 수 없는 영역이지만, 상대방이 겪는 문제를 해결 해줄 수 있는 사람을 소개하고, 연결해 주었을 때 기대 이상의 도움을 줄 수 있었다. 그리고 상대방은 더 큰 고마움을 느꼈다. 또 책이나 교육을 추천할 수도 있고, 도움이 될 영상의 링크를 공유할 수도 있다. 이렇듯 핵심은 만나느냐 안 만나느냐가 아니라 '상대방에게 유익을 주는 것'이다.

질문 한번으로도 불필요한 요청으로부터 내 삶을 방어하면서 남을 효과적으로 도우며, 좋은 관계를 형성할 수도 있다. 내 삶을 적극적으로 지키고, 지혜롭게 거절해라.

| 반드시 해낼 거라는 믿음을 주는 질문 |

앞의 내용을 읽고도 여전히 거절이 힘들다면, 다음 3가지 질문에 답하고, 이를 일상에 적용해 봐라. 그것만으로도 불필요한 만남이 줄어들어 삶의 질이 높아지리라 확신한다.

<지혜로운 거절을 돕는 3가지 질문>

질문 1

주변 사람들에게 자주 부탁 받는 요청은 무엇인가?

_____

_____

질문 2

자주 받는 요청에 대한 응답·거절 매뉴얼이 있는가?

있다면 그와 관련한 내용을 적어보고,

없다면 앞으로 어떻게 거절할 것인지 구상해 봐라.

_____

_____

질문 3

이 사람과의 관계가 가치 있게 여겨지는가?

_____

_____

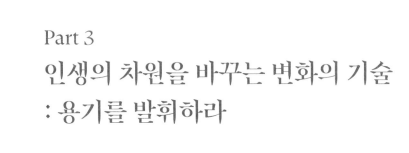

Part 3
인생의 차원을 바꾸는 변화의 기술
: 용기를 발휘하라

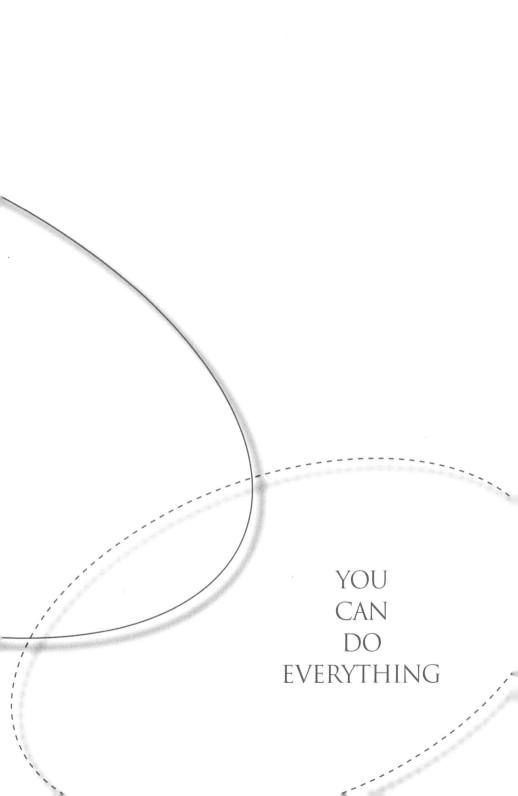

YOU
CAN
DO
EVERYTHING

감사일기? 분노일기? 무엇이 맞느냐

요즘 '감사일기'를 쓰는 모임이 많다. 그런데 누구는 효과가 있고, 누구는 효과가 전혀 없다. 한편, 어떤 이는 감사일기가 아니라 '분노일기'를 쓰라고 한다. 성장 초기에는 감사보다는 분노가 사람을 바꾼다는 것이 이유다. 사람마다 다르겠지만 개인적으로 이 말에 동의한다.

내 경우, 성장 초기에 어려움과 가난에서 하루라도 빨리 벗어나고 싶었다. 그래서 뭐라도 해야겠다는 마음이 늘 있었다. 머릿속에는 온통 '어떻게 하면 이 상황을 바꿀 수 있을까?'로 가득했다. 돌이켜보면 절대 소소한 것을 즐기고, 감사하는 '밝은 에너지'가 아니었다. 대신 '이게 아니면 죽는다.'는 절박함이 나를 이끌었다.

그러다가 나와 같이 지옥 같은 현실, 인생의 바닥을 찍고 올라와 많은 사람을 돕는 삶을 사는 사람들의 이야기를 들었고, 실제로 그들을 만난 후 내 삶은 다른 차원으로 흘렀다. 한마디로 '나도 저렇게 살고 싶다.'는 절실함이 나를 바꾸어 놓았다. 이에 성공한 사람들은 어떻게 성취와 결과를 만들어 낼 수 있었는지 강의를 듣고, 배움을 청했다. 그리고 배운 대로 내 삶에 적용하고, 시도했다. 그랬더니 내 삶에도 변화가 일어나고, 이제는 나 역시 누군가를 돕는 삶을 살게 됐다. 비로소 '매슬로우 욕구 5단계'에서 가장 순위가 높은 '생존과 안전의 단계'에 다다랐음이 느껴지는데, 이를 통과하는 시점에서는 '감사'가 삶을 더 충만하게 만드는 자원이 됐다.

솔직히 감사일기를 쓰든 분노일기를 쓰든 그건 스킬이지 본질은 아니다. 본질은 '시기에 맞는 적절한 행동'이다. 사람이 계속 분노할 수도 없고, 마냥 감사하며 사는 것도 현실적이지 않다. 또한 우리가 잊지 말아야 할 사실은 우리는 성인聖人이 아니라는 점이다. 이를 직접적으로 표현하면 "사람은 사람다울 때 아름답다."고 할 수 있겠다.

영국의 저명한 정신과 의사 헨리 모슬리는 "슬플 때 울지 않으면 다른 장기가 대신 운다."고 했다. 즉, 울어야 할 때 울고, 웃어야 할 때 웃어야 사람답다. tvN 〈응답하라〉 시리즈가 그토록 많은 사람에게 사랑받은 이유도 사람이 살아가는 이야기여서다. 평범하게 반복되는 일상에서 지지고 볶으며, 다투기도 하고, 울기도 하고, 억울함도 겪어보고, 그 안에서 서로를 의지하고, 기대며, 함께 힘을 내서 다시 삶을 살아가는 지극히 인간적인 이야기가 공감을 일으키고 눈물을 흘리게 한 것이다.

나도 마찬가지다. 내가 울었고, 분노했고, 속상했고, 억울했고, 웃었던 일.

결국 내가 겪은, 나만이 전할 수 있는 스토리가 강력한 무기가 됐다. 그러니 당신이 오늘부터 바로 시작해야 할 일은 기록을 남기는 거다. 그게 무엇이 됐든지.

미국 최초 100만 달러 연봉의 비결

엄청난 성공을 이룬 사람들은 스스로 모든 걸 완벽하게 잘 해내는 사람이 아니라 나보다 뛰어난 사람들에게 도움을 요청할 줄 알고, 일을 맡길 줄 아는 사람이다.

이와 관련한 유명한 일화가 있다. 바로 찰스 슈왑의 이야기다. 그는 철강왕 카네기가 활동하던 시절, 미국 최초로 연봉 100만 달러를 받은 사람이었다. 이는 하루 3,000달러 이상의 임금인 셈이었는데, 카네기가 슈왑에게 이렇게 큰 금액을 지급한 이유는 그가 천재라거나 제철 분야 최고의 권위자여서가 아니었다. 오히려 그보다 뛰어난 전문가는 회사에 많았다. 다만, 슈왑에게는 '사람을 다루는 능력'이 있었다.

이는 슈왑이 한 말에서 잘 드러난다. "제가 소유한 최고의 자산은 사람들로부터 열정을 불러일으키는 능력이라고 여기고 있습니다. 그리고 사람들에게 최대의 능력을 발휘할 수 있도록 하는 방법은 칭찬과 격려입니다. 세계 각국의 뛰어난 사람을 많이 만나보았지만, 인정받을 때보다 비난받을 때 더 열심히 일하고, 더 좋은 실적을 내는 사람은 만나 본 적이 없습니다."

슈왑과 비슷한 인물이 《삼국지》에도 등장한다. 그 주인공은 '유비'로, "돗자리나 짜는 촌놈" 소리를 듣는 몰락한 황실의 후예였지만, 그에게는 사람들을 끌어당기는 매력이 있었다. 지략이 높지도, 무예가 특출 나지도 않지만, 관우, 장비, 조운 같은 당대 최고의 용장이 그와 함께하고, 최고의 지략가 제갈량과 방통도 죽는 순간까지 유비에게 충성을 다한다. 신기한 건, 대부분이 유비가 빈털터리에 떠돌이 시절부터 함께한 사람이라는 사실이다. 이런 유비는 가는 곳마다 자신을 낮추고, 신분과 관계없이 사람들을 '인의仁義'로 대했다. 그래서 천하에 좋은 평판을 쌓았고, 민심을 얻었다.

한편, 유비 인생의 변곡점은 제갈량과의 인연이었는데, 삼고초려 끝에 그를 얻고는 본인과 제갈량의 만남이 "물고기가 물을 만난 것과 같다水魚之交."며 그를 극찬했고, 20살이 넘게 차이가 나는 그를 평생 스승으로 극진히 모셨다. 그리고 모든 정사를 그에게 일임했다. 덕분에 유비는 평생 쫓겨 다니는 신세에서 한 나라를 창업하는 군주가 된다. 모두 자신보다 뛰어난 사람에게 맡겼기에 일어난 일이다.

스노우폭스 김승호 회장의 《생각의 비밀》에서도 말한다. "이 세상에서 가장 강한 사람은 높은 자리에 있거나 재산이 많은 사람이 아니다. 곁에서 도와주는 사람이 많은 사람, 쓰러지기를 바라지 않는 사람이 많은 사람, 사람들의 마음을 가장 많이 가진 사람이 가장 강한 사람이다."라고.

지금까지 언급한 찰스 슈왑과 유비, 김승호 회장의 스토리에서 나는 다음과 같은 교훈을 얻는다.

> 첫째, 부족함을 인정하고 도움을 요청하라.
> 둘째, 나보다 뛰어난 사람들과 함께하라.
> 셋째, 사람의 마음을 움직이는 건 인정과 칭찬이다.
> 넷째, 사람의 마음을 움직이면 성공이 자연히 따라온다.
> 다섯째, 최고의 차별화는 스킬이 아니라 사람을 대하는 마인드다.

성공한 사람들이 가진 특별한 능력

성공한 사람들이라고 해서 밥을 더 먹지 않는다. 그들도 똑같이 밥 세 끼 먹고, 똑같이 자고, 똑같이 감정을 느낀다. 그런데 방금 언급한 '감정'에서 '능력'이라고 표현할 만큼 결정적인 차이가 있다. 그게 무엇일까? 바로 상황에 대한 '해석 능력'이다. 즉, 성공한 사람 대부분은 '반응'이 아닌 '대응'을 한다.

반응과 대응의 차이는 다음과 같다. 우선 상황에 따라 반응하게 되면 부정적인 기분에 의해 어리석은 행동을 하고, 부정적인 결과를 초래한다. 그리하여 상황에 종속되는 수동적인 삶을 살게 된다. 반면, 상황에 대응하면 긍정적인 기분으로 바람직한 행동을 하게 된다. 당연히 결과도 긍정적이다. 이는 누가 봐도 상황을 활용하는 능동적인 삶으로 비친다. 이를 간략히 나타내면 아래와 같다.

> **<상황에 종속되는 수동적인 삶>**
> 상황에 반응 → 부정적인 기분 선택 → 어리석은 행동 → 부정적인 결과

<상황을 활용하는 능동적인 삶>

상황에 대응 → 긍정적인 기분 선택 → 바람직한 행동 → 긍정적인 결과

우리가 살아가는 세상의 상황은 계속 바뀐다. 그러므로 변화에 대한 적응만큼이나 중요한 것은 자신의 중심을 지켜내는 능력이다. 여기에 현실을 해석하고, 대응하는 능력이 큰 도움이 된다. 비유하자면 반응은 외부 상황에 따라 내 상태가 바뀌는 '온도계'와 같고, 대응은 외부 환경과 관계없이 내 상태를 선택하는 '온도조절기'와 같다. 실제로도 온도계는 외부 온도에 계속 영향을 받지만, 온도조절기는 설정된 온도를 계속 유지한다. 당신은 온도계인가, 온도조절기인가? 뛰어난 성과를 내는 사람들은 언제나 반응이 아니라 대응한다는 사실을 안다면, 온도조절기가 되도록 노력하는 게 여러모로 좋다.

가정해 보자. 누군가 당신에게 무례하게 군다면 불쾌한 감정을 느낄 수 있다. 지극히 인간적이고 자연스러운 현상이다. 하지만 감정에 대한 기분은 당신이 선택할 수 있다. 감정이 상황에 대한 자연스런 반응이라면, 기분은 상황에 대한 나의 해석이고, 대응이니까. 여기서 분명히 해둘 점은 상대방은 당신을 불쾌하게 하려는 목적으로 행동하지 않았다는 사실이다. 그저 평소대로 행동했을 뿐이다. 이런 관점에서 당신이 반응이 아니라 대응을 선택한다면 가벼운 농담을 하면서 분위기를 즐겁게 만들 수 있다.

내게도 이런 경험이 있다. 어느 한 기부 행사에 메인 강사로 초대받았을 때였다. 강의를 본격적으로 시작하기 전에 진행자와 간단한 인터뷰를 했는데,

당시 주최 측에서 준 구호 조끼를 착용하고 있는 내게 그는 대뜸 "옷이 작아 보이네요?"라고 했다. 또 그는 많은 사람이 다 보는 자리에서 두어 차례 외모에 대한 농담을 던졌다. 개인적으로 나는 외모를 비꼬는 농담을 굉장히 싫어한다. 담당자도 내가 그러한 농담을 싫어한다는 걸 알고 있었던지라 나중에 말하길 무척 당황했다고 한다. 그러나 그 순간 내가 선택한 건 반응이 아니라 대응이었다. 나는 평소보다 더 장난기 가득한 표정을 지으면서 "여러분! 이 모임의 취지가 얼마나 아름답습니까? 후원자들의 후원금을 단 한 푼도 허투루 쓰지 않기 위해 조끼 원단 하나까지 이렇게 알뜰하게 절약합니다!"라고 말했고, 이런 나의 얘기에 곳곳에서 웃음소리가 터져 나왔다. 그 틈을 타 나는 이어서 "여러분, 옷은 죄가 없습니다. 그리고 옷을 더 크게 만들면 우리의 소중한 자원이 더 들어가지만, 제 지방을 줄이는 데는 제 돈만 들어가면 됩니다. 일석이조 아닙니까?"라고 했다. 그렇게 유쾌하게 강의를 시작한 덕분에 마무리할 때까지 청중에게 큰 즐거움을 선사할 수 있었다.

이를 계기로 나는 상대방의 행동에 반응이 아니라 대응하기로 했다. 그리고 불편한 상황도 즐겁게 해석하기로 선택했다. 그랬더니 그 즐거움은 나뿐만 아니라 주변 사람에게도 전염되는 게 느껴졌다.

상황에 종속될 것인가, 상황을 활용할 것인가?
부정적 상황에서 반응할 것인가, 대응할 것인가?
감정에 끌려다닐 것인가, 기분을 선택할 것인가?
결정은 당신 몫이다.

인생의 판도를 바꾸는 방법

내가 세상에 신호를 보내면 보낼수록 그 신호를 듣고 더 많은 사람이 찾아올 것이고, 찾아온 그들이 필요로 하는 가치를 제공할수록 자연히 내게는 더 큰 보상이 주어진다. 이게 기버가 남을 도우며 성공이 따라오게 하는 방식이다. 그러므로 당신이 인생의 판도를 바꾸려면, 세상을 향해 보내는 신호부터 바꾸어야 한다.

'신호를 보낸다.'는 건 어떤 의미일까? 바로 사람들이 내가 어디에 있는지를 알도록 하는 것이다. 세상 모든 사람을 내가 다 만날 수도 도울 수도 없다. 반면, 내가 가진 해결책을 필요로 하는 사람은 어디든 분명 있다. 그것도 아주 많이. 내가 겪은 경험과 스토리를 듣고, 공감하고, 영감과 희망을 얻게 될 사람도 많을 것이다. 문제는 그들을 직접 다 찾아가는 건 비효율적이고, 불가능하다는 거다. 그런데 세상 곳곳에 흩어진 그들이 나를 발견하고 찾아오게 하는 방법은 의외로 너무 쉽고 간단했다. 내가 찾은 답은 '브랜딩'이었다. 그리고 개인적으로 나는 브랜딩을 "나는 이런 일을 하는 사람입니다. 나는 이 일을 통해 당신을 돕고 싶습니다. 당신이 가진 문제를 해결할 능력이 저에게 있습니다."라고 세상에 신호를 보내는 행위라고 생각한다.

참고로 나는 2015년부터 2020년까지 '사람을 살리는 메신저'로 활동했다. 사람들의 삶에 긍정적인 변화를 일으키는 일이 가장 행복했고, 그건 내가 가진 강점이자 무기였다. 감사하게도 '전대진 작가 = 선한 영향력의 상징'으로 각인됐다. 그런데 부작용이 생겼다. 선한 영향력을 끼친다고 하니 사람들이 '뭐든 공짜로 주고, 기부하는 사람'으로 받아들인다는 거였다. 내가 생각한 선한 영향력과 사람들이 생각한 선한 영향력의 의미가 달라도 너무 달랐다. 사실 내가 생각하는 선한 영향력이란, 본인은 가난하고, 내 가족은 힘들게 하면서 남에게 퍼주는 게 아니라, 자신이 먼저 차고 넘쳐서 그 에너지를 세상에 흘려보내는 것이었다. 그뿐만 아니라 '따뜻하게 위로해 주는 사람'으로 인지해 여기저기서 "작가님, 위로해 주세요."라는 요청이 이어졌다. 그렇게 무료 상담만 늘어났다. 그 와중에 그들의 삶이 변화했다면 즐거웠겠지만, 사람들은 뒤돌아서면 원상태로 돌아갔고, 다시 위로해 달라고 했다. 그다음 무언가가 없었다. 결국 나는 시간과 에너지만 잔뜩 소모하며 '좋은 사람'에서 그쳤고, 이렇다 할 소득 없이 재정적·정신적으로 소진되어 갔다.

일시적인 위로를 원할 뿐 근본적으로 자기 삶의 문제를 적극적으로 해결하고, 개선하려는 노력을 하지 않는 사람들을 보며 뭔가 잘못된 방향으로 흘러가고 있음을 알아차렸다. 그러나 이미 SNS 팔로워 수가 10만 명이 넘는, 사람들이 보기에는 성공 궤도를 달리는 것처럼 보이는 나는 멈출 수가 없었다. 또 이제 와서 돈을 벌겠다고 하면 그동안의 내 신념과 모든 활동 그리고 진심이 거짓으로 비칠 것 같아 두려웠다. 게다가 선한 영향력의 상징으로 브랜딩이 돼버렸으니 다른 방향으로 틀기도 애매한 노릇이었다. 그런데 때마침 예상치 못한 기회가 왔다. 2020년 6월 25일, 기억하기도 딱 좋은 날짜다. 잠결에 메시지를 확인하다가 외국인 해커에게 해킹당해서 10만 팔로워 계정을 한순간에 잃어버렸다. 절망적이었지만 이를 기회로 활용하기로 했다. 엎질러진 물을 다시 주워 담을 수는 없지만, 그 물로 바닥을 깨끗하게 청소할 수는 있는 법이니까. 그때부터 나는 방향성에 대해 진지하게 고민하며, 아래와 같은 질문을 스스로 던져 답을 찾아갔다.

"남을 도우면서 성공할 순 없을까?"

"선한 영향력과 경제적 성공은 양립할 수 있을까?"

"성공하고도 우울증 약을 먹으면 그게 과연 행복한 인생일까?"

"정신적 만족과 경제적 성공을 동시에 얻을 순 없을까?"

"내가 하는 일의 결과에 관계없이 과정에서 행복할 순 없을까?"

끝내 나는 밥 버그와 존 데이비드 만의 《THE GO-GIVER》 1·2권을 통해 답을 찾았다. 그 당시 "드디어 찾았다."라며 울면서 읽은 이 책은 내 운명을 바꾸기에 충분했다. 기버의 성공 원리를 마음에 새기며 '이대로 살겠다.'는 다짐으로 정리하고, 정리하여 나만의 방식으로 재정립해 소화해 나갔다. 여기에 더해 애덤 그랜트의 《Give and Take》에서 기버가 호구로 전락하지 않고 성공을 지속하는 법을 배운 뒤로, 나는 사람을 살리는 메신저를 내려놓고 '성공한 기버'로 나를 소개하기 시작했다.

그때부터 인생의 판도가 달라졌다. 사람들은 '선한 영향력'과 '경제적 성공'을 함께 이루는 방법에 대해 궁금해했고, 나는 사람들의 질문에 하나하나 성실하게 답했다. 보통 저녁 8시부터 10시까지 공식적인 화상 강의가 끝났는데, 질의 문답을 새벽 4시까지 한 적도 허다했다. 심지어 나의 이야기를 더 듣고 싶어서 사무실에서 퇴근하지 않는 사람도 있었다. 이때 나온 질문들은 고스란히 콘텐츠의 재료가 됐고, 성공한 기버가 되고 싶어 하는 이들을 대상으로 한 '기버나비'라는 프로그램까지 탄생시켰다. 그 과정에서 수강생들의 삶에도 변화가 일어났고, 그들도 남을 도우면서 돈을 좇지 않아도 수익이 따라오는 경험을 했다. 이는 곧 내게 더 큰 정신적·물질적 만족과 긍정 피드백을 안겨줬다. 그 해에 강연료를 최대 400만 원까지 받는가 하면, 공공기관에서는 가장 높은 등급의 특별강사로 초대를 받고, 30대 젊은 나이에 구호단체의 고액 기부자 클럽 회원이 된 것만 봐도 알 수 있다.

인생의 판도를 바꾸고 싶다면 세상을 향해 보내는 신호부터 바꿔라. 자신을 소개하는 방법부터 바꾸면 된다. 나 자신을 세상에 어떻게 소개하느냐에 따라 세상은 내가 소개한 대로 나를 대하니까. 그 신호에 반응하는 사람들이 나를 찾아올 것이고, 도움을 받은 그들이 대가를 지불하면, 나는 남을 도우며 성공할 수 있다. 그리고 나는 내가 나를 소개한 대로 실제로 그런 사람이 된다. 혹 지지부진한 상태가 계속되고 있다면 그건 변화하라는 신호다.

영향력을 돈으로 바꾸는 방법 3단계

그 어느 때보다 '돈'과 관련한 이야기를 많이 하는 시대다. 심지어 단군 이래 가장 돈 벌기 쉬운 세상이라고도 한다. 이에 따라 수많은 사람이 본인이 가진 재능으로 어떻게 하면 수익을 낼 수 있을 것인지에 대한 연구를 하는 듯하다. 여기서 자신이 끼칠 수 있는 영향력도 재능에 포함된다. 그런데 영향력을 돈으로 바꾸기 위해서는 '유명한 것과 영향력은 다른 것이다.', '유명한 것과 돈 버는 것은 별개의 능력이다.' 이 2가지를 반드시 기억해야 한다.

다시 말하지만 위에서 말한 내용을 인지하고 있어야 수입을 폭발적으로 올릴 수 있다. 그렇다면 유명한 것과 영향력에는 어떤 차이가 있을까? 우선 유명하다는 건 '많이 알려졌다.'는 뜻이고, 영향력은 '타인의 삶에 변화를 일으키는 힘'을 의미한다. 이 기준에서 봤을 때 내 경우, 내게 가장 큰 영향력을 미친 사람은 어떤 유명인이 아니라 나를 가장 사랑해 준 어머니다. 즉, 어머니는 나를 열심히 살게 한 원동력이었으며, 지금의 나를 있게 해 준 대상이다. 다른 예로 우리는 유명인의 파산 소식을 종종 접한다. 반면, 대중에게 알려지지는 않았지만 재정적으로 성공한 사람들을 만나곤 한다. 이를 미루어 봤을 때, 유명하다고 해서 물질적인 부분까지 채워지는 건 절대 아니다.

이런 내 말에 이렇게 반문하는 사람도 있을 듯하다. "연예인, 스포츠 선수와 같은 사람은 기업에서 협찬도 받고, 광고비용도 받잖아요. 그럼 유명하면 돈도 잘 버는 거 아닌가요?"라고 말이다. 전혀 틀린 말은 아니다. 하지만 그렇게 기업의 지원을 받는 사람들에게는 공통점이 있다. 그 자신이 브랜딩이 되어 있다는 사실이다. 우리는 여기서 실마리를 찾아야 한다. 한마디로 평범한 사람이 돈을 많이 벌려면, 스스로 영향력을 쌓으면서 이미지를 만들어 브랜딩해야 한다. 여기서 말하는 이미지란, 어떤 가치와 도움을 주는 사람으로 인식시킬 것인가에 대한 본인이 설정한 기준이다. 이를 가능하게 하려면, 사람들이 나의 존재를 발견하고, 찾아올 수 있는 경로를 확보해야 하는데, 다음 3단계를 실천하면 된다.

1단계, 목표 키워드가 담긴 콘텐츠를 노출한다.
여기서는 콘텐츠부터 만들기보다 '나는 세상이 나를 어떤 사람으로 기억해주길 원하는 걸까?', '나는 사람들에게 어떤 도움을 줄 수 있을까?'와 같은 질문을 먼저 해야 한다. 그에 대한 답이 당신이 집중할 '목표 키워드'다. 이렇게 방향을 정했다면, 그 주제와 관련한 도움이 되는 정보와 당신의 경험 그리고 노하우를 사람들이 구독할 수 있는 형태의 콘텐츠로 당신이 운영하는 SNS 계정에 차곡차곡 쌓아나가라. 이를 통해 구독자를 모으면서 지속적인 신뢰 관계를 구축하고, 그들의 삶에 가치를 창조한다면, 이는 고객이 당신을 찾아오는 경로가 된다.

참고로 나는 2011년 카카오스토리 시절부터 '사람을 살리는 메신저' 컨셉으로 '공감'과 '위로' 콘텐츠를 나누었다. 그 후, 트렌드에 맞추어 2015년부터는 인스타그램과 페이스북에서 활동하며, 사람들이 공유할 수 있는 형태로 콘텐츠를 제작하는 동시에 사람들의 고민을 무료로 상담해 주었다. 그 과정에서 찐팬이 늘었다. 또 독자들의 고민 내용을 주제로 콘텐츠를 제작했더니 아이디어가 고갈되지 않았고, 자연스럽게 10만 팔로워가 모였다. 컨셉을 '변화를 돕는 성과 코치, 성공한 기버'로 바꾸었을 때도 같은 흐름으로 이와 관련된 사람이 모여들었다. 이때 피부로 느꼈다. 내가 나를 어떻게 소개하느냐에 따라 내가 만나고 싶은 사람, 나와 결이 맞는 사람을 만나게 된다는 원리를 말이다.

2단계, 본인의 가치를 입증하고 자기를 소개한다.

1단계를 통해 자신을 지속해서 노출하고, 사람들의 삶에 가치를 창조했다면, 사람들은 자연히 당신이 어떤 사람인지 궁금해하기 마련이다. 그리고 당신이 2단계에서 무엇을 보여주느냐에 따라 3단계에서의 결괏값이 달라진다. 이러한 2단계의 핵심은 '탁월함'과 '진정성'을 보여주는 것이다. 다시 말해, 고객들이 겪는 문제에 대해 당신이 도움을 줄 수 있는 역량이 탁월하다는 걸 입증하고, 진정성으로 감동을 선사해야 한다. 이 감동은 나와 고객 사이의 '관계성'에서 나온다.

나의 경우를 예로 들자면 인스타그램의 콘텐츠가 누적될수록 더 많은 팔로워가 유입되고, 반응이 일어날 때마다 더 많은 사람에게 노출됐다. 그러나 아무리 노출이 많이 돼도 며칠을 가지 못했다. 이로써 팔로워는 늘었지만 수익으로 이어지지 않았다. 나는 이때 셀럽과 사업가의 차이를 발견했다. 바로 '팔로워와 고객은 다르다.'는 점이었다. 이에 나는 2가지를 개선했다.

먼저 팔로워와 고객을 구분했다. 그저 지켜만 보는 팔로워보다 직접적으로 지속해서 소통을 이어가는 고객 즉, 팬을 늘리는 데 집중했다. 내게는 그것이 상담을 요청한 독자의 고민을 그냥 넘기지 않는 것이었다. 솔직히 초반에 팔로워 수가 많지 않을 때는 큰 문제가 없었다. 1:1로 상담을 진행하면 됐으니까. 그러다가 1:1로는 도저히 감당할 수 없는 상황이 왔고, 나는 라이브 방송을 선택했다. 그 덕분에 수백 명에게 동시다발적으로 도움을 줄 수 있었다. 더 나아가 나는 고객들이 내게 털어놓은 고민과 연관된 콘텐츠를 제작했고, 책 출간 과정에서 제목 또는 표지를 선정할 때 독자의 의견을 물었다. 그랬더니 1,000명 이상이 댓글을 남기곤 했다. 그럼 나는 그들에게 1:1로 감사 메시지를 전했고, 출간되면 가장 먼저 소식을 알렸다. 고맙게도 독자들은 이같은 나의 행동에 진정성을 느꼈는지 최단기간에 나를 베스트셀러로 작가로 만들어 주었다.

그다음으로 나는 나만의 해시태그와 포트폴리오를 만들었다. 해시태그부터 설명하자면, 내 계정에 유입된 사람들이 콘텐츠를 공유할 때 내가 나에게 관심 있는 사람들에게 쉽게 접근하고, 관계를 형성할 수 있도록 나만의 해시태그를 사용했다. 그러자 '전대진', '전대진 작가', '출간한 책 제목' 등과 관련한 해시태그만 5만 개가 훌쩍 넘었다. 그런데 이 태그들은 내가 일하지 않는 순간에도 나를 대신해 나를 홍보해 주는 카탈로그이자 얼마나 많은 사람에게 신뢰를 얻었는지를 증명하는 포트폴리오가 되어 주었다. 그리고 나는 SNS 프로필 하단에 클릭 한번으로 나에 대한 정보나 커리어를 쉽게 볼 수 있도록 블로그 주소를 연동시켜 두었다. 그때부터 여러 방송에 출연하게 됨은 물론 전국 곳곳에서 강연 초대를 받을 수 있었다. 이러한 경험을 거치면서 어떤 커리어를 노출하느냐에 따라 섭외의 종류가 달라짐을 알게 된 나는 내가 활동할 무대를 다양화하기 위해 계정을 여러 개로 분리해서 활동 중이다.

3단계, 목표 키워드와 관련한 상품과 서비스를 제공한다.

1단계에서 말한 목표 키워드가 담긴 콘텐츠를 꾸준히 업로드하고, 이것을 필요로 하는 사람들이 모이면 반드시 '흔적'이 남기 마련이다. 이를 《작은 가게 성공 매뉴얼》의 저자 조성민 작가는 '사람의 기척'이라고 표현한다. 가장 대표적인 것이 맛집의 벽면에 남겨진 후기다. 이를 통해 우리는 얼마나 많은 사람이 그곳에 다녀갔는지와 검증된 맛집임을 짐작할 수 있다. 그러니 우리는 이 기척을 나의 SNS 계정에 적용하여 '온라인 맛집'으로 만들면 된다. 그렇다면 SNS의 기척은 무엇일까? 바로 댓글, 좋아요, 메시지와 같은 구독자의 반응이다. 그런데 이 기척에 구독자들만 반응하는 게 아니다. 수많은 기업은 생존을 위해서라도 마케팅과 광고비용에 투자한다. 그리고 자신들의 상품을 대신 홍보해 줄 대상을 항상 찾고 있다. 그렇다면 기업이 추구하는 목표 키워드

안에서 이미 신뢰를 얻고, 영향력을 미치고 있는 인플루언서라면 협업하고 싶지 않을까? 이는 곧 그 대상이 당신이 될 수도 있다는 뜻이다.

나 역시 목표 키워드와 관련된 콘텐츠를 축적하자, 거기에 관심 있는 이용자가 유입되면서 팔로워가 10만 명에 이르렀다. 자연스럽게 콘텐츠를 올릴 때마다 큰 반응이 일어났고, 2가지 놀라운 기회가 찾아왔다.

첫째, 출판사들로부터 출간 제안이 왔다.

고백하자면 나는 한번도 출간 제안을 위해 원고를 투고한 적이 없다. 언제나 출판사 담당자들이 먼저 러브콜을 해왔다. 출판사 입장에서는 내가 이미 수요가 확보된 작가였던지라 감사하게도 나는 결이 맞는 담당자를 만나 꼼꼼하게 살펴보며 계약할 수 있었다. 게다가 전작이 베스트셀러가 되면 차기 작품에서는 더 높은 계약금을 조건으로 출간할 수 있었는데, 이런 흐름에 따라 출판사에서는 으레 내 책에 더 많은 마케팅 비용을 책정했고, 그 결과 내 책 판매량은 갈수록 늘어났다. 이는 내 가치를 더욱 올려주는 선순환 구조가 됐다.

둘째, 출판사들로부터 광고 제안이 왔다.

나는 현재 여러 출판사의 요청에 따라 해당 출판사의 책이 더 많은 사람에게 노출되도록 기획하고, 독자들의 삶에 유익이 되는 형태로 콘텐츠를 제작하고 있다. 내 주요 고객이 출판사와 고객이 되는 셈이다. 이 관점을 놓치지 않고 콘텐츠를 발행했더니, 독자들은 내 콘텐츠에 공감과 유익을 느낀 것은 물론 지인들에게 정보를 공유하고, 도서를 구매했다. 도서 판매에 긍정적인 영향을 끼친 것이다. 이에 따라 출판사에서는 꾸준히 광고 제안을 해왔고, 나는 출판사와 독자 모두를 만족시키고, 도우면서, 수익까지 따라오게 하는 선순환 구조를 정착시켰다.

지금까지 내가 공유한 1~3단계 과정을 차근차근 거친다면, 당신의 삶에 분명한 변화가 일어나리라 확신한다. 당신이 하는 일로 남을 돕고, 돈이 자연히 따라오는 삶을 살게 될 것이다. 내가 하는 모든 일이 이 3단계를 밟고 있어서 내 삶으로 증명할 수 있다. 혹 앞의 설명이 길어져 장황하게 느껴졌다면, 한번 더 정리한다.

나는 내가 도움을 주고 싶은 고객을 발견하면, 그들이 나를 찾아올 수 있는 맛집을 만들어 그곳에 사람들이 좋아할 맛있는 음식을 준비한다. 그리고 사람들이 단순히 음식을 먹는 것에서 그치는 게 아니라 좋은 추억을 얻고, 진정성이 전해지도록 힘쓰며, 이러한 자세를 지속한다. 그럼 평판이 쌓인다. 더불어 매출이 올라간다. 또 다른 메뉴를 개발하면, 그 메뉴를 새로운 상품으로 제공한다. 그렇게 선순환이 돌고 돈다. 그렇다. 영향력의 전제조건은 결국 '좋은 평판'이다. 좋은 평판을 얻기 위해서는 사람들의 삶에 효과적인 도움을 주고, 긍정적인 변화를 일으켜야 한다. 그게 영향력을 돈으로 바꾸는 방법이다. 꼭 기억해라. 당신이 얻게 될 수입은 당신이 사람들에게 끼친 영향력의 메아리다.

선한 영향력이 구호로 끝나지 않는 방법

세상에는 나 자신이 아닌 타인을 위해 살아가는 사람들이 있다. 당연히 그들의 선량함과 친절, 타인을 향한 희생정신과 헌신은 존경받아 마땅하다. 특히, 당신이 세속에서 말하는 성공에는 전혀 관심이 없고, 자발적인 가난을 선택하여 순교자적인 정신으로 살기를 추구하는 사람이라면, 나는 기꺼이 당신에게 박수를 보낼 것이다. 그러나 당신의 애매모호한 방향 설정이 자신의 삶을 피폐하게 만들고, 사랑하는 사람들을 고통스럽게 만들고 있다면, 빨리 착각에서 벗어나라고 당부하고 싶다.

내가 딱 그랬다. 상대방을 먼저 배려하는 이타적인 자세가 언젠가는 반드시 엄청난 성공을 가져다주리라 믿었다. 그런데 문제가 생겼다. 정확히 언제부터였는지 알 수는 없지만, 성공을 간절히 원하면서 돈에 전혀 관심 없는 척하던 때부터였던 듯하다. 나중에 안 사실이지만, 여기에는 돈을 많이 벌고 싶은 마음 자체를 잘못됐다고 받아들이는 돈에 대한 잘못된 인식이 자리 잡고 있었다.

만일 앞의 상황이 당신의 이야기로 들렸다면《THE GO-GIVER 2》의 '보상의 법칙'에 해당하는 이 문장을 기억해라. "수입은 성실함이나 선량함에 비례하지 않는다. 대신 당신이 받는 보상과 수입은 당신이 얼마나 많은 사람에게 긍정적인 영향을 미치는가에 비례한다. 한마디로 보상은 당신의 영향력에 의해 결정된다. 선량함이나 성실함은 측정이 불가능하지만, 영향력은 측정이 가능하다." 이로써 선한 영향력이 이상이나 구호로 전락하지 않고, 나 자신과 사랑하는 사람들을 지키는 힘으로 만드는 방법에 대한 답은 나왔다. 사람들에게 긍정적인 영향력을 미치고, 그 결과로 대가를 받으면 된다. 더 빨리 더 많은 보상을 얻길 원한다면, 더 많은 사람이 빠른 변화로 이어지게 하는 길을 찾으면 된다.

그럼 여기서 '선한 영향력'에 대한 정의를 새롭게 내릴 필요가 있다. 선한 영향력은 내가 상대방의 삶에 긍정적인 변화를 불러일으키고, 그 변화가 또 다른 사람에게로 점점 번져가는 현상으로, '선함'이라는 '가치'와 '영향력'이라는 '힘'이 함께할 때 빛을 발한다. 핵심은 '긍정적인 변화'와 '확산'에 있다. 이를 간략하게 나타내면 다음과 같다.

> 선함 = 가치와 방향성(긍휼한 마음 + 실천할 용기)
>
> 영향력 = 힘(규모 + 효과 + 지속적인 시스템)

한편, 선한 영향력에 대한 흔한 오해가 있다. 바로 '기부'와 '무료'에 결부

시킨다는 거다. 물론 누군가에게 아낌없이 내 것을 나누는 건 정말 용기 있고 아름다운 일이다. 그러나 자기 밥그릇 하나도 제대로 못 챙기는 순진한 사람으로 전락해서는 안 된다. 실제로 나를 찾아오는 사람 중 상당수가 "저도 세상에 선한 영향력을 끼치고 싶다."면서 자신의 비전과 나아갈 방향을 이야기한다. 그런데 안타깝게도 그것이 결국 이뤄지지 않을 꿈에 그칠 가능성이 보일 때가 있다. 그러면 나는 "물에 빠진 사람은 남을 구해줄 수 없다."라며, 당신이 먼저 물에서 나와야 한다고 조언한다. 그렇다. 스스로를 구제하지 못하는 사람의 말은 아무런 힘이 없다. 그런 사람에게 선한 영향력은 그저 뜬구름 잡는 소리이고, 세상의 기준에서도 그저 현실을 모르는 순진한 소리로만 들릴 것이다.

당신이 '선한' 가치를 추구하고 있다면 당신은 그 자체로 분명 좋은 사람이다. 그러나 이 험난한 세상에서 좋은 사람으로만 살아간다는 건 매우 위험하다. 그리고 당신의 선량함은 냉혹한 현실에서 자꾸만 상처받을 것이다. 이러한 의미를 담아 나는 내 전작에서 이런 문장을 썼다. "착한 토끼는 약해서 나쁜 늑대에게 잡아먹힌다. 착한 호랑이는 강해서 아무나 건드리지 못한다."

성경에서는 "비둘기처럼 순결하고, 뱀처럼 지혜로워라."라고 한다. 또 '가슴은 뜨겁게, 머리는 냉철하게'란 표현도 있다. 좋은 사람이 냉혹한 현실에서 무너지지 않으려면 '냉철한 머리'와 '지혜'가 필요하다. 당신이 주변에서 좋은 사람이라는 소리를 듣지만, 그게 '지혜로운 사람'이라기보단 '순진한 사람'의 의미에 가깝다면 반드시 힘을 키우라고 진심으로 권면하고 싶다.

정말 중요한 내용이므로 다시 한번 말한다. **스스로를 지킬 힘을 키워라.** 먼저 자신의 삶을 구제해라. 그 후에 남을 도와도 늦지 않다. 당신은 지금 남을 도울 때가 아니라 자기 자신을 도울 때이다. 나 자신과 사랑하는 사람들의 삶을 무너뜨리면서 남을 돕는 것은 아무런 영향력이 없고, 본보기가 되지도 않고, 그 어떤 긍정적인 영향도 줄 수 없다. 그건 자신에 대한 자해이고 폭력이다. 당장 자해를 멈춰라. 대신 '가치 있는 것을 주는 법_{본질}'과 '가치 있게 주는 법_{방식}'을 배워라. 줄 때는 모든 걸 공짜로 주려고 하지 마라. 공짜와 무료는 다르다. 공짜는 '가치 없는 것을 주는 것'이고, 무료는 상대방에게 '가치 있는 경험을 선물하는 것'이다. 공짜는 쓰레기이고, 무료는 섬김이다.

일상을 기적으로 만드는 사소한 차이

내게는 20대 때 음식점에서 아르바이트를 하던 시절부터 전국에서 찾아오는 맛집을 운영하기까지 지속하는 습관이 있다. 모든 손님을 친절로 대해야겠지만, 군인과 임산부, 학생에게는 음료수 한 캔 또는 사이드 메뉴 하나를 서비스로 제공하는 일이다. 특히, 군인이 방문하면 주문을 받은 후 다시 테이블로 다가가 서비스를 건네며 이렇게 말한다. "나라 지킨다고 고생이 많죠? 덕분에 두 다리 쭉 뻗고 잘 수 있고, 일할 수 있습니다. 감사합니다." 그러고는 양손의 엄지를 치켜세운다.

그러자 언제부턴가 잊을만하면 남자 손님들이 일하는 내게 찾아와 반갑게 인사를 하곤 한다. 그리고 다음과 같은 대화가 이어진다.

> 고객: 사장님, 안녕하세요!
>
> 나: 네, 누구시죠? 저를 아시나요?

내게는 이미 몸에 밴 일상적인 습관이지만, 그에게는 잊지 못할 추억이 된 것이다. 그래서 우리 가게를 잊을 수 없었다고 고백하며 재방문한다. 거기서 끝나는 게 아니다. 그 사람이 또 다른 손님들을 데려온다.

한번은 손님이 뜸한 시간대였는데, 가게 문 너머로 중학생으로 보이는 남자아이 2명이 머뭇거리고 있는 모습이 보였다. 둘이서 들어올까 말까 머뭇거리는 몸짓과 표정이 보였다. 주머니에서 꾸깃꾸깃한 1,000원짜리를 꺼내며 서로 대화하는 게 들렸다. 딱 봐도 돈이 모자란 듯했다. 그렇게 5분이 지나 두 학생이 들어왔고, 1인용 덮밥을 주문했다. 당연히 한창 성장할 그 아이들에게는 부족한 양이었다. 누구보다 배고픈 심정을 잘 알았던 나는 주문 실수를 했다. 그리고 덮밥이 순식간에 다 비워진 걸 보고, 실수로 주문한 찜닭을 테이블로 가져다줬다. 그러자 그 둘은 "저희 이거 안 시켰는데……." 하며 의아한 눈빛을 보냈다. 이에 내가 "너희 양 모자라잖아. 형도 너희 나이 때 얼마나 많이 먹었는데. 괜찮으니까 그냥 먹어."라고 하자 "그래도 되나요? 너무 실례인 거 아닌가요?"라고 물어왔다. 함박웃음과 함께 이어진 나의 대답은 "나중에 친구 많이 데리고 와."였다.

그로부터 1~2주 정도 지났을까? 주말 오후에 학생들 30여 명이 떼로 몰려

왔다. 그중 누군가 손을 흔들었는데, 이전에 방문한 두 남학생이었다. 짐작은 했지만, 통솔한 선생님이 계산을 하며 "우리 애들이 여기에 오자고 하더라고요. 음식도 맛있고, 사장님이 너무 좋다면서요."라는 말을 남겼다. 이로써 나는 3만 원을 투자하고, 30만 원으로 돌려받았다. 그 후로도 그 학생들은 올 때마다 무리를 데려왔다. 맛집 채널에 비용을 주고, 홍보하면 순간적인 반응은 있을지언정 꾸준하게 이어지기는 어려우니, 그것과 비교하면 상상할 수도 없는 효과다. 이 계기로 나는 결국 매장을 찾아온 손님들이 계속 재방문하고, 머무르게 하려면, 본질에 집중해야 함을 피부로 느꼈다.

솔직히 요식업은 내 꿈도 아니었고, 목표도 아니었다. 잘하는 것도 아니고, 좋아하는 것도 아니었다. 다만, 현재 내게 주어진 일이고, 내가 해야 하는 일이었기에 그 안에서도 할 수 있는 모든 정성을 쏟았다. 그랬더니 유명 배달 앱의 한 부문에서는 1위를 달성했다. 코로나19가 터졌을 때는 위기가 오히려 기회가 됐다. 20평 남짓한 구석진 곳에서 출발한 가게를 대구의 가장 번화가이자 중심인 동성로 한복판에 70평 규모로 확장 이전했는데, 인수할 때보다 매출이 4배 이상 오른 것이다. 이는 내 차별화 전략 즉, 본질인 '진정성'에 에너지를 쏟은 덕분에 맛본 열매라고 믿는다.

위기를 기회로 바꾸는 방법 3가지

위기의 한자는 '危위태할위'와 '機조건·계기기'로 이뤄져 있다. 영어로는 'crisis'로 표기할 수 있는데, 여기에는 '최악의 고비'라는 뜻이 포함돼 있다. 이 단어의 어원은 그리스어 'krisis'로 '결정', '구분', '판단'이라는 의미를 가진다. 즉, 최악의 고비를 넘겨야 결과가 판가름 난다고 할 수 있다. 이에 따라 최악의 위기는 회복과 죽음, 성공과 실패를 가르는 '전환점'이 되기도 한다. 그리하여 인생의 위기 앞에서 어떻게 대응하느냐에 따라 운명이 달라진다.

2023년 2월 규모 7.8의 대지진이 튀르키예를 덮쳤다. 사망자만 3만 명이 넘게 발생한 위기 속에서 놀라운 소식이 뉴스에 보도됐다. 튀르키예 남동부의 소도시 에르진에서는 단 1명의 사상자도, 건물 붕괴도 일어나지 않았다는 사실이었다. 이로써 언론은 에르진을 '기적의 도시'라고 불렀다. 그런데 에르진을 기적의 도시로 만든 건 한 사람의 신념 덕분이었다. 사정은 이랬다. 에르진 시장 외케시 엘마소을루에게 오랜 기간 수백 명이 찾아와 건축 규제를 풀어

달라고 요구했다. 하지만 그는 불법 건축물을 절대 용납하지 않는다는 정책을 펼쳤다. 이에 각종 민원과 "너만 정직하냐?"와 같은 조롱과 비아냥에 시달렸다. 그런데도 그는 끝까지 시민들의 안전을 지킨다는 자신의 원칙을 고수했다. 그 신념이 에르진을 기적의 도시로 이끌었다. 이렇듯 위기는 진짜와 가짜를 구분해 주는 계기가 된다.

코로나19가 닥쳤을 때도 마찬가지였다. 온 세상이 멈췄다. 모두에게 한번도 겪어보지 않은 일이 벌어졌다. 그래서 내가 겪고 있는 위기가 사회 전체가 겪고 있는 문제든, 개인적인 문제든 이 3가지를 적용했다.

첫째, 기분 바꾸기.

위기의 순간이 찾아오면 "드디어 때가 왔다!"며 환호해라. "기회가 찾아왔다!"고 외치며 설렘으로 감사하길 선택하라. 왜냐면 한번도 겪어보지 않은 문제가 내 삶에 닥쳤다는 것은 한번도 되어보지 못한 내가 되기에 최고의 환경이니까. 또 새로운 환경은 새로운 생각을 하게 하고, 새로운 행동으로 이끈다. 더불어 새로운 행동은 한번도 만나보지 못한 나를 만나는 최고의 방법이기도 하다.

성취 · 습관 관련 도서에서는 늘 '환경 설계'를 강조한다. 그런데 그 상황을 언제나 내가 인위적으로 만들어야 했는데, 모두에게 닥친 위기는 우리를 동일선상에 세웠고, 여기에 어떻게 대응하느냐에 따라 앞으로의 삶이 달라지리라 믿었다. 장담컨대 상황이 어렵다고 해서 감정마저 다운이 된다면 정말 답이 없다. 그런 때일수록 더 신경을 곤두세우고, 상황을 긍정적으로 바라보려는 자세가 필요하다. 조급함, 두려움, 불안함 등 부정적인 감정은 결코 내가 바라는 결과를 가져다주지 못하고, 아무것도 이뤄주지 않는다는 걸 명심해야 한다.

둘째, 질문 바꾸기.

내가 항상 던지는 10개의 질문이 있다. 인생에 위기가 닥치면 아래의 〈기회를 만드는 10가지 질문〉을 활용해라.

<**기회를 만드는 10가지 질문**>

1. 무엇이 진짜 문제인가?

2. 내가 진정으로 원하는 게 무엇인가?

3. 그것을 위해 지금 무엇을 해야 하는가?

4. 지금 이 순간 나를 행복하게 하는 것은 무엇인가?

5. 이 문제를 통해 내가 무엇을 배울 수 있을까?

6. 이 위기를 전화위복의 기회로 만들려면 무엇을 하면 될까?

7. 지금 바로 여기에서 시작할 수 있는 일이 있는가?

8. 지금 바로 내가 바꿀 수 있는 '작은 일'이 있다면?

9. 이 위기를 하나님이 준 선물로 바라본다면 나는 무엇을 감사할 수 있을까?

10. 어떻게 남을 도울 수 있을까? 내가 줄 수 있는 게 뭘까?

셋째, 행동 바꾸기.

위의 〈기회를 만드는 10가지 질문〉에 하나하나 나만의 답을 적어 가자. 정답은 없다. 스스로가 만족할 만한 혹은 현재 상황에서 내릴 수 있는 최선의 답이면 된다. 내 인생에 일어난 문제를 가장 잘 알고, 가장 고민해야 하는 사람은 나 자신이다. 그리고 그 문제를 해결할 능력은 내 안에 있다. 질문에 대한 답을 찾았다면 이제는 행동할 차례다. 지금 바로 할 수 있는 작은 일이 무엇일까?

| 반드시 해낼 거라는 믿음을 주는 질문 |

모든 힘은 실천하는 데서 온다. 대부분의 성공자도 위기에서 자신이 알고 있는 부분을 행동으로 옮김으로써 극복해 냈다. 이러한 의미에서 앞에서 언급한 <기회를 만드는 10가지 질문>에 대한 답하는 시간을 가져보자. 현재 위기가 아니더라도 현실을 점검하게 해주는 질문들이니 차분하게 작성해 보길 권한다.

<기회를 만드는 10가지 질문>

질문 1
무엇이 진짜 문제인가?

_____

_____

질문 2
내가 진정으로 원하는 게 무엇인가?

_____

_____

질문 3
그것을 위해 지금 무엇을 해야 하는가?

_____

_____

질문 4

지금 이 순간 나를 행복하게 하는 것은 무엇인가?

_____

_____

질문 5

이 문제를 통해 내가 무엇을 배울 수 있을까?

_____

_____

질문 6

이 위기를 전화위복의 기회로 만들려면 무엇을 하면 될까?

_____

_____

질문 7

지금 바로 여기에서 시작할 수 있는 일이 있는가?

_____

_____

반드시 해낼 거라는 믿음

질문 8

지금 바로 내가 바꿀 수 있는 '작은 일'이 있다면?

질문 9

이 위기를 하나님이 준 선물로 바라본다면 나는 무엇을 감사할 수 있을까?

질문 10

어떻게 남을 도울 수 있을까?

내가 줄 수 있는 게 뭘까?

두려움을 용기로 바꾸는 방법

앞의 〈기회를 만드는 10가지 질문〉에 스스로 내린 답을 행동으로 옮기면, 반드시 어떤 변화라도 일어난다. 적은 행동은 작은 변화를, 많은 행동은 큰 변화를 불러온다. 그런데 방향도 알고, 방법을 알아도 쉽게 움직이지 않는 사람들이 있다. 이들은 하나 같이 행동하기에 앞서 여러 경우의 수를 둔다. 지나치게 많은 생각을 하고, 실패에 대한 걱정부터 한다. '아니야, 아직 준비가 덜 됐어.'라며 신중함이라는 자기합리화로 두려움을 포장한다. 그렇게 실행을 자꾸 뒤로 미룬다. 보통 '게으른 완벽주의자'인 경우가 다반사다.

그런데 이러한 성향의 사람도 궁지에 몰린 쥐가 고양이를 물 듯 '물불 가리지 않고', '찬밥 더운밥 가리지 않고', '생각과 자존심을 내려놓고' 과감히 행동하고, 초인적인 힘을 발휘하는 순간이 있다. 바로, 극한의 상황에 몰렸을 때다.

내 인생을 돌이켜 보면, 두려움을 용기로 바꾼 순간에는 하나의 공통점이 있었다. 내가 사랑하는 사람이 나로 인해 고통스러워하는 모습을 보게 된다는 것이다. 대표적으로 시험에 떨어지고, 마음이 무너지더라도 카드 청구서는 똑같이 날아왔다. 그럴 때마다 어머니는 홀로 투잡, 스리잡을 하며 뒷바라지했고, 지칠 대로 지친 상태에서 청구서를 보다가 한숨 쉬며 잠들었다. 그걸 지켜보는 건 정말 가슴 아팠고, '내가 이래서는 안 되는데……. 이건 내가 바라던 삶이 아닌데……. 어머니가 왜 나 때문에 이런 고통을 겪어야 할까…….'라는 생각이 밀려와 괴로웠다. 이에 나는 행동하지 않을 수 없었다. 머뭇거릴 여유가 없었다. 어떻게든 최악의 상황을 벗어나기 위한 행동을 해야만 했다. 더는 나로 인해 소중한 사람의 삶이 망가져 가는 걸 지켜볼 수 없었다. 그저 '이 거지 같은 상황을 바꿀 수만 있다면 무슨 일이든 하겠다. 이 지옥만 탈출할 수 있다면 내 모든 걸 걸겠다.'는 마음뿐이었다.

모든 것을 걸면 진정한 용기가 나오는 법이다. 진정한 용기는 자기 자신을 위해 싸울 때가 아니라 타인을 위해 싸울 때 나오는 법이다. 왜냐면 사람은 원하는 것을 쟁취하고 싶은 열망보다 가진 것을 잃어버리는 데에 대한 두려움이 훨씬 크기 때문이다. 그리하여 나로 인해 소중한 사람을 불행하게 만들지 않겠다는 결단은 이전보다 훨씬 더 강한 의지력과 집중력을 갖게 하며, 뒤도 돌아보지 않는 나로 만들었다. 이것이 바로 '배수의 진을 치는 전략'이다.

지금 최악의 상황에 놓여있는가? 더 이상 내려갈 곳이 없는가? 나로 인해 사랑하는 사람이 고통을 겪고 있는가? 그 상황을 벗어나고 싶은가? 바로 그 순간이 당신이 용기를 배우는 순간이다.

두려움을 용기로 바꿔라.

진정한 용기를 발휘하는 법을 배워라.

소중한 사람을 지키기 위해 용기를 발휘해라.

| 반드시 해낼 거라는 믿음을 주는 질문 |

우리를 무력하게 만드는 것 중 하나는 '두려움'이다. 하지만 생각지도 못한 상황에서 그 두려움을 떨치고 무엇이든 해내는 용기를 발휘할 때가 있다. 만일 용기를 내야 할 상황에 용기가 나지 않는다면, 다음 질문을 해보길 권한다.

<두려움을 용기로 바꾸는 5가지 질문>

질문 1

나로 인해 소중한 사람들이 고통을 겪은 경험은?

_____

_____

질문 2

위기 앞에서 자신의 무력함에 고통스러웠던 경험은?

_____

_____

질문 3

지금 바로 당신이 가장 사랑하는 사람을 떠올려 보라.

그 사람에게 꼭 선물하고 싶은 아름다운 미래의 모습은?

그 사람에게 절대로 보여주고 싶지 않은 미래의 모습은?

_____

_____

질문 4

사랑하는 사람에게 선물하고 싶은 미래를 위해 지금 해야 할 일은?

_____

_____

질문 5

사랑하는 사람을 지켜주기 위해 지금 하지 않으면 안 될 일은?

더는 미룰 수 없는 일은? 더 미뤘다가는 크게 후회할 일은?

_____

_____

용기를 언제든지 꺼내 쓰는 방법 3가지

앞의 〈두려움을 용기로 바꾸는 방법〉에서 말한 용기는 극한의 상황에 몰렸을 때 나오는 마음의 힘이다. 그러나 문제는 현재의 삶이 평온하고, 아무런 문제를 겪고 있지 않을 때다. 매일 똑같이 반복된 일상을 살고, 삶에 큰 불만도 없고, 소소한 행복까지 느끼고 있다면, 굳이 그렇게 큰 능력 즉, 용기를 발휘할 일이 없으니 말이다.

같은 맥락으로 한번은 시험을 치른 친구가 이렇게 말했다. "평소에 공부좀 해둘걸. 그래도 벼락치기 한 거치곤 괜찮았어. 그 많은 양을 어떻게 이틀만에 다 해냈을까? 내 안에 그런 능력이 있다니 나 스스로도 놀랐어. 그런데왜 이게 평소에는 안 될까? 하하." 그런 그에게 나는 "그러게 말이야. 만약 그능력을 자기가 원할 때 언제 어디서든 꺼내 쓸 수 있다면 5년, 10년 후의 미래는 어떤 모습일까?"라고 물었다.

나는 이 질문을 당신에게도 던지고 싶다. "만약 당신이 극한의 상황에서뿐만 아니라 평소 원할 때마다 최고의 용기를 발휘할 수 있다면 당신의 삶은 지금과는 어떻게 달라질까? 행동은 어떻게 달라질까?" 여기에 대한 내 대답은 이렇다. 놀라운 일Wonderful Things이 일어난다. 왜냐면 일상에서도 내면이 충만하고, 에너지 레벨을 최상의 상태를 유지하는 사람이 지속해서 높은 성과를 내는 법이니까. 이를 위해 아래 3가지의 용기 활용 전략을 적용해라.

첫째, 습관으로 훈련된 용기를 발휘해라.

이는 다시 말해 '불가능한 일에 도전하기'가 아니라 '가능한 일 시도하기'라고 할 수 있다. 성공한 사람들은 계획적으로 용기를 발휘한다. 《손자병법》에 "승리하는 군대는 먼저 이겨놓고 싸운다."라는 말이 있다. 이순신 장군이 23전 23승 할 수 있었던 비결도 바로 이 덕분이다. 그의 기본 전투 전략은 적군의 수보다 아군의 수가 많을 때 싸우고, 기습전을 펼쳤으며, 유리한 지형지물을 최대한 활용했다. 특히 그는 이길 수 있다는 조건을 만들기 전에는 결코 전투를 벌이지 않았다. 철저한 준비만이 살 길이라 믿었다. 이처럼 성공한 사람들은 두려움을 이기는 최고의 전략은 평소에 해온 의식적인 훈련에서 비롯된 습관, 습관으로 훈련된 용기임을 안다. 이에 다음 4가지를 실행에 옮길 것을 권한다. 이를 단련하면 할수록 더 높은 수준의 성취에 이름은 물론, 두려움과 마주하더라도 결정적인 순간에 능력을 발휘하게 해주리라 확신한다.

① 내가 가장 두려워하는 게 무엇인지 알고, 그에 대비하기

② 조급해하지 말고, 평소에 충분한 여유를 갖고 고민하기

③ 멘토들에게 조언을 듣고, 필요한 도움 요청하기

둘째, 용기를 발휘할 사건을 만들어라.

개인적으로 가장 중요한 부분이라고 생각한다. 아무것도 하지 않으면, 아무 일도 일어나지 않는 법이니까. 많은 사람이 인생의 성공과 변화를 원하지만, 그들이 꿈꾸는 미래와는 전혀 다른 인생을 사는 이유는 좀처럼 기존의 패턴을 깨지 않기 때문이다. 늘 지나다니는 길만 가고, 늘 만나는 사람만 만나고, 늘 했던 일만 하는데 거기에서 무슨 변화가 있을까? 하던 대로 살면, 앞으로도 하던 대로 살게 되는 건 당연하다. 틀을 깨라. 틀을 깬다고 죽지 않는다. 더도 말고 덜도 말고 딱 한 걸음만 전진해 봐라.

참고로 일본의 경제학자 오마에 겐이치는 그의 저서 《난문쾌답》에서 인간을 바꾸는 3가지 방법에 관해 "인간을 바꾸는 법은 세 가지뿐이다. 새로운 환경에 가는 것, 새로운 사람을 사귀는 것 그리고 시간을 다르게 쓰는 것이다. 가장 무의미한 행동은 새로운 결심을 하는 것이다."라고 말했다.

맞다. 새로운 환경에 가면 강제로라도 새로운 걸 할 수밖에 없다. 만나는 사람이 달라지면 나누는 대화 주제도 달라지고, 하는 일도 달라진다. 그렇게 이전과는 다르게 시간을 보내는 것이다. 하는 일이 달라지면 그 과정에서 새로운 기회를 만나게 된다. 새로운 성공 기회를 만들고 싶은가? 그렇다면 '새로운 사건'을 만들어라. 환경, 만나는 사람 그리고 시간을 바꾸는 과정에서 사건이 만들어진다. 반드시 기억해라. 과정을 건너뛰려는 사람에게는 결코 사건이 만들어지지 않는다.

셋째, 주도적으로 계산된 위험에 도전해라.

스티븐 코비의 《성공하는 사람들의 7가지 습관》에서 습관 1은 '주도성'으로 관심의 원과 영향력의 원에 대해 말한다. 여기서 '관심의 원'은 날씨나 다른 사람의 행위, 경제 상황과 같이 내가 통제할 수 없는 영역이고, '영향력의 원'은 내가 영향력을 행사하거나 통제할 수 있는 영역이다. 이 중 성공한 사람들은 영향력의 원에 집중한다. 한마디로 본인이 실제로 바꿔나갈 수 있는 일에 집중하는 것이다. 그리고 자연스레 영향력의 원을 점점 더 키워간다. 이로써 자기 삶에 점점 더 큰 영향력을 행사하게 된다. 또 이러한 주도성은 인생의 위기를 만났을 때 진가를 발휘한다.

이처럼 성공한 사람들은 인생에서 겪는 힘든 일을 자신의 역량을 키울 수 있는 기회로 여긴다. 게다가 자신이 추구하는 목표를 성취하기 위해 도움이 되는 좋은 습관을 훈련으로 장착함으로써 원하는 바를 얻는다. 그러니 어떤 일이든 두려워하지 말고, 도망치지 말고, 정면으로 부딪쳐라. 그리고 위기 상황에 대비해 평소에 훈련해라. 이 훈련의 특징은 힘들어야 하고, 실수해도 괜찮다는 것이다. 이는 우리의 인생과도 같다. 실제로 준비하지 않은 채로 만난 위험은 훨씬 고통스럽고, 치러야 할 리스크도 크다. 하지만 꾸준히 스스로를 단련해놓는다면, 어떤 상황에 직면하더라도 절망하지 않고, 기회를 잡을 수 있다. 한번 더 강조한다. 주도적으로 고통을 계획해라. 감당할 수 있는 고통의 수준을 높여가라. 계산된 위험에 도전해라.

| 반드시 해낼 거라는 믿음을 주는 질문 |

수많은 성공자는 위기에 대비한 훈련을 한다. 한마디로 적재적소에 용기를 발휘할 수 있도록 연습하는 것이다. 아래 3가지 질문이 그러한 힘을 기르는 데 도움을 줄 것이다.

<언제든지 용기를 꺼내게 해주는 3가지 질문>

질문 1

내가 가장 두려워하는 문제는 무엇인가?

_____

_____

질문 2

앞으로의 성장 계획에 두려움을 극복하는 부분을 포함시켰는가?

앞으로 더욱 단련시키고 싶은 부분이 무엇인가?

_____

_____

질문 3

의식적으로, 지속적으로 새로운 사건을 만드는 현장에 참여하는가?

1년 전과 비교했을 때 성장했다고 여겨지는 부분이 있다면 무엇인가?

_____

_____

인생을 바꾸는 6가지 황금 질문

요즘 주변에 고학력 백수가 많다. 특히 20대 대학생들이 당장 취업을 하려니 왠지 스스로 준비가 덜 된 듯하고, 사회로 진출하는 데 두려움을 느낀 나머지 대학원으로 도피하곤 한다. 안타깝지만 명확한 목표 의식 없이 막연하게 내린 결정은 돈 낭비, 시간 낭비일 가능성이 크다.

얼마 전, 어느 행사 자리에서 30대 초반의 한 청년이 하는 발표를 통해서도 비슷한 느낌을 받았다. 대학 졸업 후 석·박사 학위를 따기까지 고분분투했다는 내용이었는데, '이 논문만 통과되면……' 하는 일념으로 긴 인고의 시간을 보냈고, 꿈에 그리던 박사 학위를 받았다고 했다. 그런데 쓴웃음을 지으며 했던 그 다음 말이 충격이었다. "지금은 백수입니다. 솔직히 앞으로 뭘 해야 할지도 모르겠습니다."

한번은 20대 대학생과 장래 목표에 대한 이야기를 나누었다. 그는 분명히 돈을 많이 버는 사업가가 되고 싶다며 창업할 거라고 했다. 하지만 몇 달

후 다시 만났을 때 안부를 물으니 대학원 진학을 준비하고 있다고 했다. 나는 당연히 경영 또는 마케팅 관련 학과이겠거니 했는데, 사회복지학과라고 했다. 뜬금없는 그 상황이 궁금해진 나는 "넌 돈 잘 버는 사업가가 되고 싶다고 했잖아. 그럼 작게라도 장사를 해보거나 창업을 하지 왜 사회복지학과를 선택했어? 물론 거기서 네가 얻고자 하는 명확한 목표가 있다면 모르겠는데, 특별한 이유가 있어?"라고 물었다. 그러자 그는 "어쩐지 아직은 공부를 더 해야 할 거 같아서……." 하며 대답을 얼버무렸다.

이 두 사례만 봐도 많은 젊은이가 착각하고 있는 듯하다. 직설적으로 얘기하자면 돈을 벌려면 책상이 아니라 결국 현장으로 가야 한다. 또 목표를 이루려면 '선택'과 '집중'이 필요하다. 혹 매일 바쁘게 무언가는 하고 있지만 분명한 지향점을 향해 발전하고 있는 상황은 아닌가? 그렇다면 자신의 본업에 집중해야 한다. 그리고 엉뚱한 곳에 에너지를 분산할 게 아니라 자기의 본업에서 역량을 갖추도록 정밀한 계획을 수립해야 한다. 반드시 기억하자. 성공하기 위해서는 지속해서 성과Output, 직접 성과, 간접 성과를 내야 한다. 지속적인 성과는 지속적인 성장Input, 역량 개발, 역량 강화으로부터 비롯된다.

당부한다. 이것저것 일을 많이 하긴 하는데 이렇다 할 만족할 만한 성과가 없다면, 잠깐 내려놓자. 가만히 있기에는 불안하고, 뭐라도 해야겠다는 생각에 뭐든 열심히는 하는데, 내가 지금 하고 있는 일이 분명한 지향점을 향해 달려가고 있는 거 같지 않고, 왜 하는지도 모르겠고, 긍정적인 방향으로 성장·발전하고 있다는 생각이 들지 않는다면, 잠시만 멈춰라. 잠시 멈춘다고 인생이 어떻게 되지 않는다. 목표 없이 사는 인생이 훨씬 손실이 크고 위험하다.

| 반드시 해낼 거라는 믿음을 주는 질문 |

만약, 당신이 새로운 일에 도전하거나 도전을 주저하고 있거나 엉뚱한 곳에서 시간을 허비하고 있는데, 다른 사람들의 시선을 의식하느라 멈추지 못하고 있다면, 아래 질문을 자신에게 던져보자. 바라기는, 이를 본인에게 가장 잘 보이는 곳에 붙여두거나 늘 휴대하는 수첩 맨 앞장에 붙여두길 권한다.

<인생을 바꾸는 6가지 황금 질문>

질문 1
그 일이 나에게 왜 중요한가?

_____

_____

질문 2
그 일을 한다는 게 나에게는 어떤 의미인가?

_____

_____

질문 3
그 일을 하지 않았을 때 겪게 될 최악의 결과는?

_____

_____

질문 4

그 일을 했을 때 얻을 수 있는 최상의 결과는?

질문 5

최악의 결과를 피하기 위해 지금 바로 해야 할 일은?

질문 6

최상의 결과를 위해 지금 바로 할 수 있는 일은?

맹수의 방식 vs 나무의 방식

나는 10년 이상 자기 계발을 해오면서 다양한 성공자를 만나왔다. 그리고 그들이 성공한 방식은 각각 달랐는데, 크게 2가지 유형으로 나뉘었다.

첫 번째는 맹수의 방식이다. 요즘은 '돈 버는 법'과 관련한 이야기를 많이 한다. 어떻게 하면 더 많은 돈을 벌 수 있을지에 대한 콘텐츠가 쏟아져 나오고, 돈을 많이 못 버는 사람은 마치 인생을 잘못 살고 있는 것처럼 함부로 말하는 사람들도 있다. 그런데 돈을 강조하는 사람들이 어떻게 돈을 벌었는지를 알아보면, 생각보다 세상이 좁아서 그의 민낯이 드러나고, 많은 이의 공분을 산 사례도 심심치 않게 듣게 된다. 즉, 대외적으로는 노력하면 자기처럼 될 수 있다고 해놓고, 실제로는 많은 사람의 삶을 무너뜨리고, 착취하고, 상처를 주면서 그 자리에 올랐다는 걸 알게 된다.

이처럼 세상에는 남을 물어뜯는 방식으로 수단과 방법을 가리지 않고 성공하려는 사람들이 있다. 이들의 머릿속에는 오로지 성공밖에 없어서 온 세상이 돈으로 보이고, 사람도 돈으로 보여서, 사람을 수단화하거나 속이기도 하고, 심지어는 남의 것을 도둑질하는 일도 서슴지 않는다. 하지만 이렇게 하면 당장은 빠르게 성공할 수 있을지 몰라도 '뛰는 놈 위에 나는 놈 있다.'는 말처럼 언젠가 자기도 더 강한 자에게 물어뜯길 수도 있다. 그리고 이런 사람들은 성공한 후가 굉장히 위험하다. 왜냐면 더는 추구할 목표가 없어서 모든 게 허무하기 때문이다. 그리하여 사람들의 인정을 받으면 받을수록 부를 과시한다. 심각하게는 정신적으로 불안정하여 잠을 못 자고, 정신과 약을 먹으면서도, 사람들에게는 자기의 삶이 정답이고, 성공한 삶인 것처럼 말한다.

실제로 나를 찾아온 사람 중에 수십억~수백억의 매출을 내는 CEO가 많았는데, 대중에게 존경받고, 누구보다 행복할 거라고 생각했던 그들이 내게 건넨 한마디에 충격을 받은 기억이 난다. 죽고 싶고, 자기가 왜 사는지를 모르겠다고 했다. 그 이유를 게임으로 비유하자면, 키우는 캐릭터가 몬스터를 잡는 능력이 점점 좋아져서 레벨이 올라가고, 더 좋은 아이템과 무기를 장착할 수는 있게 됐지만 '내가 지금 이걸 왜 하고 있지?', '언제까지 이러고 있어야 하지?'란 생각을 떨칠 수가 없다는 거였다. 더 답답한 건 "어떻게 하면 저도 당신처럼 될 수 있을까요?"라며 끊임없이 질문해 오는 현실이라고 했다. 이유인즉, 그 질문들을 무시할 수 없어 성실히 답하다 보니 점점 더 많은 곳에서 초대를 했고, 자신의 성공에 편승하려는 사람이 많아져서 삶이 피폐해졌기 때문이다. 그 상황에서 늘 행복한 연기를 하는 게 괴롭다고 했다. 더불어 사람들에게 성공 비결을 말하면서도 '내 얘기가 저 사람에게 유익이 되는 말일까?', '또 다른 불행한 사람을 한 명 더 양산하는 건 아닐까?' 하는 생각이 들었다고 한다.

이 같은 사례를 바탕으로 나는 당신이 결과뿐만 아니라 과정에서도 행복한 전혀 다른 성공 방식을 공유하고 싶다. 바로 나무의 방식이다. 뛰는 놈 위에 나는 놈 있다고 하지만, 나는 '나는 놈 위에 붙어있는 놈 있다.'를 덧붙이고 싶다. 이는 '연결'과 '네트워킹'을 통한 성장을 의미한다.

이와 관련해 몇 년 전, 해외에서 농장을 운영하는 어느 CEO가 올린 글이 떠오른다. 한국에서 그의 수업을 들은 제자들이 농장에 놀러 와서 기념으로 심어 놓고 간 사과나무가 몇 해가 지나도 사과가 열리지 않더란다. 이에 원인을 찾다가 사과나무는 주변에 다른 사과나무가 없으면 수분이 되지 않아 결실을 얻지 못한다는 걸 알게 된다. 그래서 곧장 사과나무들이 모여 있는 농장으로 가 제일 좋은 자리에 옮겨 심고, 옮겨 온 김에 전정 작업도 해주었다고 한다. 그랬더니 며칠 만에 새로운 순을 냈고, 몇 년 만에 풍성한 결실을 봤다고 했다. 짧지만 이 속에는 중요한 교훈이 담겨 있다.

일단 나무의 방식은 생각보다 느린 방식이 아니다. 사자와 비교해 보자. 사자가 태어나 건강한 어른 사자로 성장할 확률은 20~30%라고 한다. 그렇게 살아남은 새끼 사자는 3살이 되면 어미가 있는 무리를 떠나야 하며, 무리를 떠난 수사자가 혹독한 환경과 마주하며 생존할 확률은 10%, 그중 무리의 우두머리가 될 확률은 3%에 지나지 않는다. 신기하게도 대한민국 소득자 중에 연봉 1억 이상의 고소득자는 4.9%이고, 이는 전체 인구에서 2.3%다. 이로써 동물의 세계나 인간의 세계나 살아남고, 성공하려면 3% 안에 들어야 한다는 게 보인다.

반면, 국내 산불 피해지에 심은 소나무의 1년 후 평균 생존율은 89%에 달한다고 한다. 또 대나무는 뿌리가 자라는 데 4년이 걸리지만, 그 후로는 하루 최대 60cm까지 자란다고 한다. 이게 나무의 방식이다. 나무는 처음에 뿌리를 내리는 시간이 길지만, 이후에는 거침없이 자란다. 그런데도 나무의 방식은 맹수의 방식에 비해서 성장이 더뎌 보인다. '빨리빨리'를 강조하는 한국에서는 괴리감이 있는 이상적인 방식처럼 보이기도 한다. 하지만 큰 나무가 되면 더 이상 맹수를 두려워할 필요가 없어진다. 특히 내실을 다지고, 함께 성장하는 나무의 방식은 배움을 준다.

나무는 특성상 시간이 흐를수록 가지가 무성해지고, 풍성한 열매를 맺는다. 그리고 그 열매를 새들이 먹고, 동물들이 먹고, 사람이 먹게 되면서 다시 땅으로 돌아간다. 이것이야말로 다른 사람들에게 가치를 제공하여 그들의 폭발적인 성장을 도와주는 기버의 방식과 닮았다. 한 그루의 나무에서 비롯해 온 주변이 나무로 가득한 동산이 되고, 숲이 되니 말이다.

이상적으로 들리는가? 이건 현실이지 꿈이 아니다. 지금도 일어나고 있는 일이다. 사람은 누구와 함께하느냐가 중요하다. '결이 맞는 사람'과 함께해라. '가치를 추구하는 사람', '기버로서 성공한 큰 나무'를 만나라. 큰 나무가 있는 숲으로 들어가라. 그리고 때를 기다려라.

| 반드시 해낼 거라는 믿음을 주는 질문 |

꾸준히 성장하며 성과를 내기 위해서는 '나무의 방식'을 따라야 함을 배웠다. 그런데도 속도가 더디게 느껴져 답답할 때, 다음 3가지 질문으로 현재 나의 상황을 점검해 보길 바란다.

<나무의 방식으로 성공하기 위한 질문 3가지>

질문 1

평소에 성장을 위해 나와 결이 맞는 사람들을 찾아 나서는가?

_____

_____

질문 2

다른 사람들의 성장에 기여하며 성공한 기버를 찾았는가?

_____

_____

질문 3

성공한 기버에게 지속해서 영향받기 위해 시도할 일이 있다면?

_____

_____

어린아이에게 배운 인생철학 5가지

한번은 친한 지인과 그의 딸과 함께 카페 나들이를 간 적이 있다. 주문한 음료가 나올 때까지 나는 당시 7살이던 아이와 잠시 카페 뒤편 연못가에서 놀았다. 그러다 아이가 바로 옆 돌계단 너머 언덕을 바라보며 "저기 위에 올라가면 뭐가 있을까?"라고 물었다. 그때부터 우리의 짧은 모험이 시작됐다.

> 나: 특별히 볼 게 없을걸?
>
> 아이: 그래도 올라가 볼래.
>
> 나: 거기 올라가면 위험해!
>
> 아이: 그냥 가보는 거지 뭐!

아이가 어느새 신나게 계단을 오르고 있어 하는 수 없이 나는 천천히 뒤따라갔다. 그런데 먼저 도착한 아이가 주변을 둘러보더니 실망하며 "힝, 별거 없네."라고 말했다. 이에 나는 계단 중간쯤에 서서 "그것 봐! 내가 별거 없다고 말했잖아."라고 응수했다. 그러자 아이는 활짝 웃으며 "아무것도 없으면 다시 내려가면 되지 뭐."라고 하는 게 아닌가. 그러고는 다른 언덕 쪽으로 시선을 돌리더니 "우와! 저기는 뭐가 있을까? 이번에는 저기로 가보자!"라고 외쳤다. 나는 "또 어딜 가?"라며 붙잡으려 했지만, 내 말이 떨어지기가 무섭게 이미 아이는 저만치 달려가 버렸다.

그렇게 내가 계단 중간쯤에 갔다가 다시 터벅터벅 내려오는 동안 아이는 이미 2~3곳을 옮겨 다니며, 가는 곳마다 감탄했고, 웃음이 끊이지 않았다. 그 모습에서 이틀 전에 내가 만난 수천억 자산가가 번뜩 스쳤다. 그 아이와 수천억 자산가 꽤 닮아 있었던 것이다. 아래 5가지가 바로 그것이다.

첫째, 그냥 한다.
너무 긴 고민을 하지 않고, 빨리 실행한다. 잃을 게 없는데, 고민을 길게 하는 건 죄라고 여긴다.

둘째, 일단 걷는다.
걸으면 길이 열린다. 가만히 있으면 아무 일도 안 일어난다. 일단 한 걸음을 내디디면 새로운 길이 열린다고 확신한다.

셋째, 모든 경험을 소중히 여긴다.
해봤는데 아니면 그때 다른 길로 가면 그만이고, 그 경험도 인생에서 소중한 자산으로 받아들인다.

넷째, 스스로 선택하는 연습을 한다.

남의 말에 휘둘리지 않고, 직접 선택할 때 더 나은 선택을 내리는 법을 배울 수 있음을 안다.

다섯째, 모든 기회를 가장 유용하게 활용한다.

고민이 길면 도전할 수 있는 기회, 실수를 만회할 기회도 그만큼 줄어든다고 강조한다.

이렇듯 어린아이와 수천억 자산가들의 공통점은,

선택 앞에서 고민을 길게 하지 않고 실행한다는 거다.

잃을 게 없다면 고민을 길게 하지 말자. 일단 해보자.

해보고 아니면, 그때 얼마든지 다른 길로 가면 되니까.

'실행이 답이다.', '아무것도 하지 않으면 아무 일도 일어나지 않는다.' 등 실행력과 관련한 말이 넘쳐난다. 이는 많은 사람이 실행력에 대한 고민을 안고 있음을 방증하는 셈이다. 이에 당신의 실행력과 결단력을 올려줄 질문 5가지를 공유한다.

<실행력과 결단력을 강화해 줄 5가지 질문 >

질문 1

현재, 실행을 거듭 미루고 있는 일은?

_____

_____

질문 2

지금 바로 시작한다면 시도할 수 있는 일은?

_____

_____

질문 3

시도했을 때 얻을 수 있는 것, 시도하지 않았을 때 잃을 것은?

_____

_____

질문 4

이 일은 나에게 어떤 의미인가?

이 일이 나에게 중요한 이유는?

_____

_____

질문 5

이 문제 안에 감춰진 교훈은?

이를 기회로 활용한다면?

_____

_____

Not 끌어당김 But 가치 창조

앨런 피즈와 바바라 피즈의 공저 《결국 해내는 사람들의 원칙: 최신 뇌 과학이 밝혀낸 성공의 비밀》에서는 'RAS'라는 개념이 등장한다. 이는 두뇌의 망상활성계Reticular Activating System로, 우리가 어떤 목표를 추구할 때 그 목표와 관련이 있거나 목표 달성에 도움이 되는 정보에 마치 안테나처럼 반응한다고 한다. 예를 들어, '벤츠를 갖고 싶다.'는 생각을 품고 난 후로 도로에 나가면 신기하게도 가는 곳마다 벤츠만 보이는 경험이 있을 거다. 이것이 바로 RAS가 작용한 전형적인 예이다. 또한 RAS는 기존에 자신이 가진 신념을 강화하는 정보만 알아보거나 선별해서 똑같은 상황을 바라보더라도 누구는 위기로 보고, 누구는 기회로 보는 이유도 이 때문이라고 한다.

실제로 일본의 한 유명 야구 선수는 주변 사람들 사이에서 활력이 넘치기로 유명했는데, 그 활력의 비밀은 모든 상황을 자신에게 유리하도록 해석하는 데 있었다. 비가 내리면 누군가는 우울하다고 하지만, 그 야구 선수는 어떤 사소한 일, 상황, 날씨, 문제 앞에서도 모든 걸 본인의 의욕을 끌어올리는 도구와 재료로 활용했다.

이 사례를 통해 알 수 있듯 RAS 신경계 스위치를 켜면, 원하는 목표를 이룰 가능성이 점점 커진다. 왜 그럴까? 그것을 생각하고, 마음에 생생하게 그리면 그릴수록 그 목표에 연결된 행동을 할 확률이 높아지는 덕분이다. 또 그 행동이 구체적이고, 지속적이고, 반복적일수록 그 목표는 현실이 된다. 여기서 핵심은 행동하지 않으면 아무런 의미가 없다는 부분이다. 물론 생각도 중요하다. 하지만 생각은 어찌 됐든 보이지 않는 실현되지 않은 암묵지일 뿐이다. 생각을 현실로 실현하게 하는 건 결국 행동이고, 목표와 관련된 의미 있는 행동이 지속·반복될 때 목표가 이뤄지며, 가시화된 형식지가 된다.

그럼 당신이 경제적으로 성공하기 위해서 할 일은 무엇일까? 당연히 돈을 벌어야 한다. 그럼 돈은 어떻게 벌까? 당신이 돈을 벌기 위해서는 소비자에게 상품이나 서비스를 제공하고, 판매해야 한다. 직장인이라면 고용주에게 내 시간을 제공해 급여를 받을 테고 말이다. 그런데 로버트 기요사키의 《부자 아빠 가난한 아빠》에서 말하는 대로 자본주의에서 경제적 자유를 얻기 위해서는 반드시 생산자 즉, 사업가 또는 투자자 포지션으로 이동해야 한다. 그렇다면 현재 어느 포지션에 있든지 당신이 해야 할 일은 명확하다. 타인에게 도움을 줘야 한다. 그 대가로 돈을 벌 수 있으니 말이다. 따라서 당신의 보상을 결정하는 것은 밥 버그와 존 데이비드 만이 쓴 《THE GO-GIVER 2》의 '보상의 법칙'을 바탕으로 이렇게 정의할 수 있다. "당신이 얻게 될 보상은 당신이 얼마나 많은 사람에게 도움을 주고, 당신이 준 도움이 그들에게 얼마나 효과적이냐에 따라 결정된다."

한마디로 '남에게 도움을 준 대가로 돈을 버는 것'이 돈을 버는 근본 원리다. 이때 무엇보다 중요한 건 얼마나 상대방의 필요와 결핍, 문제를 알아차리느냐다. 더불어 사람들이 겪고 있는 문제를 얼마나 개선·회복·해결해 주고 세상을 최적화시키느냐가 관건이다. 그러므로 우리는 우주에 신호를 보내서 성공을 끌어당기려고 애쓰는 게 아니라 고객이 보내는 요청을 빨리, 제대로 파악해야 한다. 그리고 그 요청에 응답해야 한다.

그렇다면 고객의 마음을 알려면 어떻게 해야 할까? 아주 단순하다. 관심을 가져야 상대의 말이 들리고, 제대로 들어야 제대로 된 답을 줄 수 있는 법이다. 따라서 우리의 신경계 스위치, 안테나는 항상 내가 돕고자 하는 사람들을 향해 있어야 한다. 이로써 '고객의 결핍 발견 → 나의 강점과 고객의 결핍 사이의 겹치는 부분 찾기 → 겹치는 부분에서 나의 강점 강화하기 → 고객에게 효과적인 도움을 줄 가치 창조 → 대가 받기'와 같은 구조가 만들어져 수익이 자연스레 따라온다.

부디 보이지 않는 까마득한 우주로부터 성공을 끌어당기려는 주술은 그만두고, 눈앞의 타인의 삶에 필요한 도움을 주고, 긍정적인 변화를 일으켜라.

앞서 언급하기를 경제적으로 성공하기 위해서는 돈을 벌어야 하고, 돈을 벌기 위해서는 가치를 만들어 내야 한다고 했다. 또 그 가치는 타인을 돕는 행동으로부터 생긴다. 아래 5가지 질문은 당신이 가치를 창조하는 데 기준이 되어줄 중요한 질문이다.

<가치를 창조하는 5가지 질문>

질문 1
내가 최근에 준 도움은 무엇인가?

_____

_____

질문 2
도움을 받은 상대방은 누구인가?

그 사람이 원하는 게 무엇인가?

_____

_____

질문 3
내가 그에게 줄 수 있는 가장 큰 가치는 무엇인가?

_____

_____

질문 4

나는 끊임없이 더 나은 가치를 더 많은 사람에게 제공하기 위해 힘쓰는가?

질문 5

나는 하고 싶은 말을 장황하게 늘어놓는가, 상대방에게 필요한 말을 하는가?

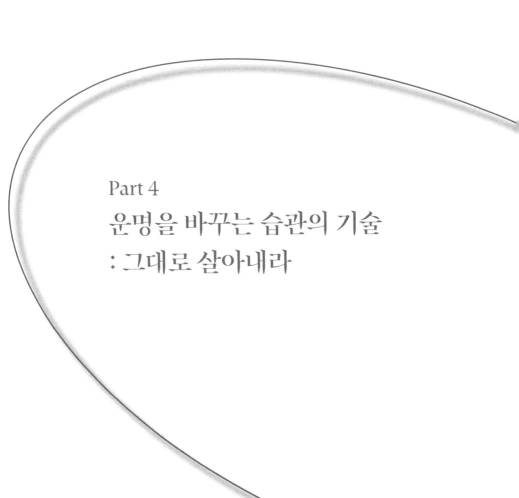

Part 4

운명을 바꾸는 습관의 기술
: 그대로 살아내라

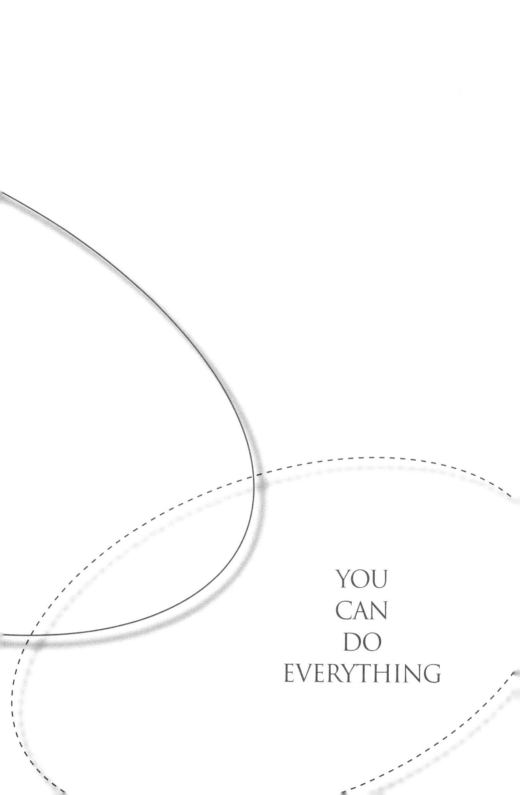

YOU
CAN
DO
EVERYTHING

목표가 있는 게 현명한 이유

누군가 "목표를 세워야 한다!"고 했을 때 크게 세 부류로 나뉜다. 먼저 "맞아, 목표는 반드시 세워야 해!"라고 동의하는 사람, "그래, 세워야 하는 건 알겠는데……" 하면서 본인이 목표를 세우지 못하는 이유를 늘어놓는 사람, 마지막은 "꼭 목표가 있어야 해? 그럼 목표가 없는 인생은 가치가 없단 거야? 인생에 정답은 없어! 왜 꼭 목표를 가지라고 자꾸 강요하는 거야?"와 같은 말로 반항하는 사람.

이때 첫 번째 유형은 목표의 중요성을 알고, 이미 행동으로 옮기고 있을 가능성이 높고, 두 번째는 중요성을 인지하고 있지만, 행동하지 않고 있을 확률이 높다. 세 번째는 둘 중 하나다. 목표를 위해 노력해야 하는 게 귀찮거나, 목표가 없어도 진짜 행복을 충분히 누리고 있거나. 그런데 본인이 전자에 해당하는지, 후자에 해당하는지는 자기 자신이 제일 잘 안다. 그리고 만일 당신이 전자의 사람이라면, 목표를 세우지 않았을 때의 위험과 목표를 세웠을 때의 기회를 알려주고 싶다.

먼저 목표가 없다면 "목표가 없는 인생은 가치가 없다."라는 소리를 들었을 때, 반발심이 생기는 건 물론 다소 폭력적이고, 강압적으로 느낄 수 있다. 이처럼 목표가 없는 인생은 불편하다. 또 불편하면 결국 위험해진다.

조금 더 쉬운 설명을 위해 영화를 예로 들어보겠다. 나는 한국전쟁을 배경으로 한 영화 〈태극기 휘날리며〉와 〈고지전〉을 몰아서 본 적이 있다. 그 두 영화에서 동일한 장면이 나왔는데, 교전 중에 잡은 포로들을 데리고 가는 게 아니라 사살하는 부분이었다. 〈태극기 휘날리며〉에서는 부대를 지휘하는 상사 진태가 포로 사살 명령을 내리자 친동생 진석이 반발한다. 그때 진태가 "데리고 가봐야 짐이야."라고 했지만, 진석의 강한 만류로 결국 포로들을 데리고 간다. 그런데 얼마 후 국군이 압록강까지 진군했다가 중공군 개입으로 후퇴할 때, 북한군 포로들이 혼란한 틈을 타 총을 빼앗아 위협하고, 몇몇 전우가 죽게 된다. 〈고지전〉에서는 전방에서 전투 경험이 많은 수혁과 후방에서 방첩대 장교로 있는 은표가 몇 차례 갈등을 일으키는데, 북한 지원군이 오기 전에 수혁이 북한 포로들을 사살하자 은표는 수혁의 멱살을 잡는다. 이에 수혁은 "그럼, 얘들을 데리고 이동해? 놔두면 바로 총 들고 우리를 쫓을 놈들이야!"라고 응수한다. 두 상황 모두 극단적인 예시일 수 있겠으나 나는 "불편함은 위험하다는 말과 같다."는 교훈을 얻었다.

한편, 미국의 권위 있는 월간지 〈애틀랜틱 먼슬리 Atlantic Monthly〉의 조슈아 울프 솅크 기자와 하버드대학교 연구팀이 함께 하버드 대학교 학생 268명의 삶을 72년간 추적하면서 '행복의 조건'을 찾는 연구를 했다. 그 결과 인생을 행복하게 만드는 7가지 요소로 고통에 적응하는 자세, 교육, 안정적인 결혼, 금연, 금주, 운동, 적당한 체중이 꼽혔다. 이 7가지를 모두 관통하는 조건이 있다. 모두 목표가 없으면 달성이 불가능하다는 것이다.

이처럼 성공하든 행복하든 나를 움직이게 하는 목표는 크든 작든 반드시 있어야 한다. 물론 목표가 있음으로 인해서 불편해지기도 한다. 외적인 자존감을 회복하고, 멋진 몸을 만들고 싶다는 목표를 달성하려면, 당장 음식의 유혹과 사람들과의 식사 약속을 절제하거나 차단해야 하기 때문이다. 하지만 그러한 목표가 있을 때 인생 전체의 시각으로 바라보면, 인생의 시간을 절약해 준다. 만일 다이어트를 결심했다고 해보자. 그러면 진정으로 나를 생각하는 사람들은 나에게 맞춰 식사 메뉴를 정하거나 식사 시간을 피해서 만나자고 하는 등 나를 기꺼이 도와주기 마련이다. 반면, 내 목표를 알면서도 시험하고, 유혹하는 사람들이 있다. 그러면 그 기회에 거르면 되니, 얼마나 좋은가. 즉, 목표는 내가 진짜로 남겨야 할 것만 남기도록 해주는 유용한 도구이기도 하다.

선명한 목표는 우리를 나아가게 만든다. 흐릿한 목표는 우리를 머뭇거리게 만든다. 비유하자면, 화창한 날에는 멀리서 보이는 나무도 우리 눈에 잘 들어와서 그곳으로 가까이 갈수록 더 자세하게 보는 기쁨을 선사한다. 반대로 안개 낀 날에는 주변이 으스스하게 보이고, 무언가 갑자기 튀어나올 것만 같은 생각에 나아가길 주저하게 된다. 같은 이치로 지혜로운 사람들이 인생의 목표를 세우는 이유는 업적을 달성하기 위해서라기보단 목표를 추구하며 나아가는 과정에서 본인이 성장하고 있음을 계속 느끼고 싶어서이기도 하다. 이를테면, 어제보다 더 나은 나로 성장해 나가고 있다는 즐거움과 인생을 허비하지 않고, 항상 최선의 노력을 다 쏟고 있다는 충만감 말이다.

인생에서 크든 작든 목표를 세우는 것이 유한한 인생을 사는 우리에게는 현명한 선택이다. 또 목표가 있을 때 인생에서 불필요한 낭비를 줄일 수 있고, 자신이 원하고 바라는 긍정적인 모습에 가까워질 수 있다. 목표가 없으면 너무 많은 인생의 시간과 자원을 엉뚱한 곳에 빼앗기기 쉽다. 그러므로 나만의 의미 있는 목표를 추구하며 사는 인생이 목표 없이 주저앉아 무기력하게 혹은 제대로 된 방향도 없이 산만하게 사는 인생보다 더 현명하다.

매출 720억을 만든 독서법 4단계

나는 강연을 시작할 때, 나를 '삶으로 살아내는 삶쟁이'라고 소개한다. 이건 나의 열정을 일으키는 점화장치이자 욕망에 대한 안전장치이다. 더 하지도, 덜 하지도 않고, 오직 살아낸 것만 말하겠다는 겸손과 정직의 표현인 동시에, 살아온 내용만 말하면 되니 진실하고, 당당할 수 있게 해준다. 이렇게 내 삶으로 증명한 부분만 말하면 겸손하면서도, 동시에 떳떳할 수 있다. 현승원 의장도 비슷한 말을 했다.

"인생을 바꾸는 데는 많은 책이 필요하지 않습니다. 오히려 요즘은 읽을 게 너무 많은 게 문제예요. 저는 좋은 책 2~3권이면 충분하다고 생각합니다. 중요한 건 몇 권을 읽었느냐가 아니라 1권을 '어떻게' 읽느냐와 '그렇게 사는 게' 중요해요. 책을 읽었으면 읽은 걸로 끝내는 게 아니라 책에 나온 그대로 살았느냐 즉, 책대로 산 인생이 되면 좋겠습니다. 결국 배운 점을 삶으로 살아내는 게 본질입니다."

나는 이렇게 말하는 현 의장을 2020년, 영상을 통해 처음 만났다. 그러나 그 외에 다른 영상은 없었다. 2년 후에야 '매출 720억을 만든 독서법'이란 영상이 올라왔는데, 신기하게도 이미 내가 그 영상에서 소개하는 내용대로 하고 있었다. 그게 가능했던 이유는 내가 책을 읽거나 학습할 때 취하는 아래의 3가지 자세 덕분이다.

첫째, 책을 읽으면 '삶으로 그대로 살아내겠다.'는 자세로 읽고 또 읽는다.

둘째, '내 롤모델은 이 상황에서 어떻게 행동했을까?' 하는 질문을 던진다.

셋째, 읽은 그대로 실행으로 옮기는 과정을 반복했고, 이를 기록했다.

여기에 더해 현승원 의장이 언급한 매출 720억을 만든 독서법을 공유해 본다. 부디 이를 참고해 많은 사람의 독서 그리고 삶의 질이 올라가길 바란다.

<매출 720억을 만든 독서법>

독서보다 중요한 건 '삶'이다.

독서를 통해 읽은 책 내용대로 사느냐가 중요하다.

① 이대로 살겠다!(1회 독) → 감명받았거나 새로운 정보에 형광펜으로 표시하기

② 형광펜 부분만 읽기(2회 독) → '다시는 잊지 말자!' 이 부분은 밑줄 긋기

③ 밑줄만 읽기(3회 독) → '인생으로 산다!' 부분은 노트에 필기하기

④ 노트에 필기한 내용 읽기(4회 독)

⑤ 노트 수시로 읽기

- 다음 책을 읽기 전에 노트에 필기한 내용을 먼저 읽는다.

- ①~④ 과정을 반복한다.

- 100권의 책을 이 작업을 거쳐 노트 한 권에 누적해 나간다.

평범한 사람이 성공으로 가는 방법 5가지

많은 사람이 성공을 갈망한다. 하지만 대부분 어디서부터 어떻게 시작해야 할지를 모른다. 그런 상황에서 내비게이션 역할을 해주는 5가지 방법이 있다. 이는 평범한 사람도 성장을 누적해 성공으로 이끌어 주는 치트키와도 같다.

첫째, 현장에서 필요한 역량을 키워라.

우선 이 부분에서는 '능력$_{ability}$'과 '역량$_{capability}$'을 구분할 수 있어야 한다. 전자는 '잠재력'이나 '가능성'이고, 후자는 '실제로 발휘할 수 있는 힘'이다. 또 능력이 '자격증'이라면, 역량은 '현실에서 적시에 자유자재로 활용할 수 있는 힘'이다. 이를 바탕으로 직설적으로 표현하면 "돈을 벌기 위해서는 능력이 아닌 역량이 있어야 한다."라고 할 수 있겠다. 그런데 이러한 역량을 키우려면 반드시 실행해야 하고, 현장으로 가야 한다. 현장에서 시행착오를 거듭한 경험이 축적되면, 그게 나만의 지식과 경험, 노하우가 된다. 그것으로 다른 사람의 성장을 돕고, 위험을 방지하고, 시행착오를 줄여줄 때 배움을 돈으로 바꿀 수 있다.

둘째, 내가 줄 수 있는 게 무엇인지 발견해라.

엠제이 드마코의 《부의 추월차선》에서는 다음 중 무엇이라도 100만 명에게 제공하라고 한다. 나는 이 중에서 내가 할 수 있는 일이 무엇인지를 체크해 봤다. 당신도 아래 질문에 스스로 답해 봐라. 또 나처럼 '주는가?'를 '주는 능력이 있는가?' 혹은 '준 경험이 있는가?'로 바꾸어서 물어봐라.

① 나는 남의 기분을 좋게 해주는가?

② 나는 남이 겪는 문제를 해결해 주는가?

③ 나는 남에게 필요한 정보를 제공하고 그들을 교육해 주는가?

④ 나는 남에게 외모나 건강에 필요한 도움을 주는가?

⑤ 나는 남에게 안전을 제공해 주는가?

⑥ 나는 남에게 긍정적인 정서를 유발시켜 주는가?

⑦ 나는 남의 욕구를 알고 충족시켜 주는가?

⑧ 나는 남의 삶을 편안하게 해 주는가?

⑨ 나는 사람들에게 꿈과 희망을 고취해 주는가?

셋째, 사람들로부터 자주 듣는 긍정적 피드백을 정리해라.

주변 사람들에게 어떤 말을 자주 듣는가? 나를 향한 사람들의 생각 안에 인생을 걸만한 열정적인 목표가 숨어있을 수 있다. 참고로 내가 사람들에게서 자주 들었던 말은 이랬다.

"당신이 말하는 걸 듣고 있으면 빨려 들어가는 거 같아요. 시간 가는 줄을 몰랐어요."

"당신을 보면 하나라도 더 주고, 도움을 주고 싶어 하는 진심이 느껴져요."

"당신과 대화하면 내가 더 좋은 사람, 귀한 사람이 되는 느낌이 들어서 기분이 좋아져요."

"당신의 글을 읽으면 마치 내 이야기처럼 공감이 되요. 읽다가 울고 웃기도 했답니다."

"도대체 그런 센스 있는 표현이나 아이디어는 어디서 나오는 거예요?"

"너무 큰 위안과 삶의 지혜를 얻었어요."

"덕분에 가슴이 뛰고 열정이 생기네요! 빨리 뭐라도 새로운 시도를 해 보고 싶어요."

"인생의 문제 앞에서 걱정이 많이 됐는데, 필요한 때에 딱 맞는 책을 추천해 주셨어요."

"생각이 너무 복잡했는데, 덕분에 명쾌하게 고민이 해결되고 생각이 정리됐어요."

"누구나 생각은 할 수 있는데, 그걸 글과 말로 표현을 너무 잘하세요."

"말이 끝나기 무섭게 즉시 실행하는 실행력이 너무 부러워요."

　　나에 대한 사람들의 피드백에서 무엇을 발견했는가? 밑줄 친 부분을 단어로 나열하면, 전대진이 어떤 재능이 있는 사람인지 파악할 수 있다. 내가 내린 결론은 아래와 같다.

① 같은 말이라도 센스 있게 전하는 언어 능력

② 사람의 마음을 이해하고 움직이는 공감 능력

③ 동기를 부여하고 열정을 불러일으키는 능력

④ 복잡한 내용을 쉽게 전하는 전달력과 흡입력

⑤ 타인의 성취와 문제 해결을 돕는 지혜와 아이디어

신기하게도 위 다섯 가지는 내가 '갤럽 강점'을 통해 검사한 결과와도 정확하게 일치한다. 즉, 자타가 인정하는 내 강점이다. 이처럼 내가 다른 사람의 성장을 도운 경험, 문제 해결을 도운 경험은 모든 사업의 출발이자 자산이 된다. 나도 같은 방식으로 매일 내 강점을 활용해서 일하고, 사람들을 돕고, 그 대가로 돈을 번다.

넷째, 긍정 피드백에 연결된 일을 실행해라.

사람들에게서 들은 긍정적 피드백은 달리 말하면 내가 하는 일이 그들의 삶에 유익한 장점으로 작용한 경우다. 가령, 책을 읽고, 내용을 정리해서 이를 소개하는 콘텐츠를 꾸준히 올린 사람은 어떤 피드백을 듣게 될까? 콘텐츠의 양과 질이 높아질수록 "저에게 큰 도움이 됐습니다!"라며 고마워할 것이다. 만일 뭐가 됐든 당신이 오랫동안 유지해 오는 게 있다면, 사람들로부터 어떤 피드백이라도 듣게 돼 있다. 그 일이 사람들에게 필요한 일이라면 세상은 당신에게 도움을 요청할 것이다.

혹시 당신이 하는 일과 관련해 세상으로부터 아무런 피드백을 받지 못했다면, 남몰래 하고 있거나, 꾸준히 하지 않았거나, 사람들에게 가치가 없기 때문이다. 바꿔 말하면, 가치 있는 메시지를 지속해서 세상에 노출함으로써 더 많은 사람에게 전해지고, 내 메시지를 구독할 사람들을 모으고, 그들이 구매하길 원하는 상품과 서비스를 제공한다면, 얼마든지 내가 좋아하고, 잘하는 일로 성공할 수 있다. 사람들이 당신에게 요청하고, 긍정적 피드백을 보내는 그 일을 해라.

다섯째, 좋은 평판을 쌓으면서 지속해서 네트워킹해라.

내 강점으로 사람들을 돕고, 사람들에게 긍정적 피드백을 받으면, 일하는 과정에서도 행복할 수 있고, 그러한 좋은 평판이 쌓이고, 축적되면, 성공은 자연히 따라온다. 반드시 기억해라. 평판이 부를 낸다. 당장 눈앞의 이익보다 상대방과의 신뢰를 먼저 생각하는 사람이 오래 갈 수 있다. 여기서 세계적인 투자자 워런 버핏의 "최고의 투자 종목은 자기 자신에게 투자하는 것이다."라는 말을 가져와 본다. 이 문장은 모든 사람이 자기 자신이 중심이라는 사실을 알려준다. 이러한 관점에서 사람들은 자신에게 도움이 되고, 유익을 주는 대상을 곁에 두고자 하는 본능이 있다. 따라서 워런 버핏이 한 말은 "최고의 투자 종목은 사람에게 투자하는 것이다."라고 확장할 수 있다. 한마디로 사람이 자산인 셈이다.

실제로도 성공한 사람들은 성장하는 초기에 자기 자신의 성장을 위해 배움에 투자하고, 성과를 내며, 궤도에 올라섰을 때는 사람에게 투자하고, 시스템에 투자한다고 한다. 모든 기회가 사람을 통해서 온다는 걸 알기에 결코 사람을 수단화하지 않고, 당장 눈앞의 이익에 혹해서 신뢰를 저버리지 않는 것이다. 무엇보다 중요한 것은 세상은 생각보다 좁다. 그러니 평판은 평소에 잘 관리해 두는 것이 좋다.

4,000억 매출 기업 CEO의 특별한 책상

2018년, 음식점에서 아르바이트를 할 때, 대한민국을 대표하는 한식 프랜차이즈 '본죽'의 최복이 대표가 쓴 《섬김경영》을 읽었다. 2002년 본죽이 처음 나왔을 때만 해도 '죽'은 아픈 환자들이나 먹는 값싼 음식이라는 인식이 강했다. 하지만 최복이 대표는 평범한 죽 한 그릇에 다음과 같이 특별한 의미를 부여했다. "아기가 태어나 엄마 젖 다음에 이유식으로 먹는 첫 음식이 죽입니다. 또 죽은 늙고 병들어 이 세상을 떠날 때 먹는 마지막 음식이 되기도 합니다. 죽은 배고플 때 먹는 음식을 넘어서 한 사람의 첫걸음이자 마지막 음식이 되기도 합니다. 생명을 돌보고 소생시키는 죽이기에 저는 '사명음식'이라고 생각합니다. 돈 좀 더 벌자고 나쁜 재료를 섞어 대충 만들거나 정성을 들이지 않거나 손님을 속이는 것은 죄악입니다."

최복이 대표와 같이 내가 하는 일의 의미는 스스로 얼마든지 바꿀 수 있다. 지금 내가 어떤 사람이고, 앞으로 어떤 일을 하게 될 사람인지는 본인이 규정할 수 있다. 또 그것이 당장에 이루어졌든 이루어지지 않았든 상관없이 그 믿음과 일치하는 행동을 하게 된다. 이렇게 자신에 대한 믿음이 태도와 행동을 결정하고, 나아가 미래의 운명까지 결정하는 걸 '자기규정효과'라 한다.

이런 큰 깨달음을 준 그녀의 책을 읽은 후로 나는 내가 하는 모든 일에 의미를 부여하기로 했다. 2018년은 첫 책을 출간하고 한창 나를 알리던 시기로, 그 당시 '나는 말과 글을 통해 사람을 살리는 사람이다.'라는 마음으로 '사람을 살리는 메신저'라고 소개하면서 활동하고 있었다. 그런데 내 행동에 의미가 들어가자 글 한 줄을 쓰더라도 대충 쓸 수가 없었고, 강의할 때도 삶으로 몸소 살아낸 것만 말할 수밖에 없었다. 이로써 할 말과 쓸 수 있는 글의 소재를 모으기 위해 최대한 많은 시도를 했다. 그때부터 지금에 이르기까지 내 하루의 목표는 '에피소드가 있는 하루 살기'다.

그렇다고 에피소드를 수집만 한 건 아니다. 매일 일기로 작성해서 자기성찰의 도구로 삼았다. 그랬더니 이는 아이디어의 원천이 됐다. 일기 안에서 그날 얻은 교훈과 스토리를 뽑아내 콘텐츠화한 것이다. 이때 독자들이 읽기 쉽도록 짧은 문구로 만드는 데 심혈을 기울이자 공유가 많이 일어났고, 2020년에는 인스타그램 계정 하나에만 10만 명의 팔로워가 모였다. 출간했던 책은 역주행을 거듭했고, 이후 여러 출판사에서 러브콜이 왔다. 그렇게 출간한 책들은 기본적으로 1만 부 이상 판매되는 베스트셀러가 됐고, 누적 판매 10만 부 이상을 돌파했다. 특히, 대중이 관심을 갖지 않는 마이너리그에서 세 작품을 출간해, 그 부문에서 교보문고 연간 베스트셀러 1위를 기록하고, 5만 부를 돌파하며 새로운 길을 개척하는 사람이 됐다.

한편 나는 2023년 2월 2일, 최복이 대표의 초대로 1:1 티타임을 가졌는데, 그녀는 유독 '사명'이라는 단어를 자주 언급했다. 그리고 그녀의 책상 위에는 자그마한 액자가 놓여 있었는데, 자신의 인생 사명과 비전이었다. 그런 액자가 직원들의 책상에도 놓여있었다. 각자 다른 내용이었지만, 개개인의 사명과 비전을 기업이란 공동체의 사명과 비전으로 연결하며, 모두가 한마음과 한뜻으로 모으고 있어 업계 1위는 뭐가 달라도 다르다는 걸 피부로 실감했다. 이러한 환경 세팅 덕분이었을까. 2022년 본 그룹은 매출 4,000억 원을 돌파했고, 가맹점 폐업률 0%에 가까운 경이로운 기록을 냈다. 이렇듯 내가 하는 일에 특별한 의미를 부여하면 태도와 행동의 변화가 나타난다.

그날 나는 최복이 대표를 통해 30년 후의 내 모습을 미리 보고 왔다. 그리고 오늘 내가 하는 일이 내일의 나에게 구체적으로 어떻게 연결될지는 알 수 없지만, 무슨 일을 하든지 마음을 다하고, 힘을 다하고, 정성을 다해 현재에 집중하면, 그 과정에서 열정도 생기고, 성과도 만들어지리라는 확신이 생겼다. 또 그러한 마음가짐으로 인생을 설계해 하루하루를 살아가면 일상이 기적이라는 선물로 돌아올 그림이 머릿속에 그려졌다. 당신도 분명 이런 삶을 꿈꾸고 있다고 믿는다. 그렇다면 아래 3가지를 삶에 녹여내 봐라.

첫째, 지금 하고 있는 일에 대해 새로운 질문을 던져라.

"지금 하는 일이 '먹고 살려고 마지못해 하는 일'이 아니라 '내 인생의 특별한 목적을 이루기 위해 반드시 거쳐야 하는 중요한 과정이자 꼭 필요한 일'이라고 여긴다면 무엇에 감사할 수 있을까?"라고 말이다.

둘째, 내가 원하는 삶을 이미 살고 있는 사람을 찾아라.

생각을 해야 마음이 생기고, 마음에 뜻을 품어야 나아갈 길이 보인다. 지금은 막연하고 불가능해 보이지만, 실제로 내가 원하는 삶을 살고 있는 사람을 직접 만나보면 생각이 달라진다. 그게 어렵다면, 책과 영상을 통해 찾아보는 것도 좋다. 하고자 하는 마음만 있다면 길은 얼마든지 있다.

셋째, 지금 하는 일과 원하는 미래를 계속해서 해라.

내가 하는 일에 의미를 부여했다면, 그 의미를 시각화·휴대화해라. 무엇이든지 눈앞에 선명하게 그려져야 의지가 생기는 법이다. 그러므로 내가 되고자 하는 모습의 이미지를 잘 보이는 곳에 붙여두고, 행동하기 전에 꼭 봐라. 그럼 행동에 힘이 실린다. 행동하면 뭐라도 달라진다.

성공의 문을 여는 기술

나는 매일 사무실에 출근할 때면 문을 열기 전에 하는 작은 습관이 있다. 문 앞에 적힌 '세상에서 가장 훌륭한 메신저'를 읽고, 마음속으로 '오늘도 세상에서 가장 훌륭한 메시지를 온몸으로 만들고 전하자!'라고 외치는 것이다.

그런데 이 문을 화장실을 가든 물을 마시든 미팅을 가든 하루에도 수십 번씩 드나들게 된다. 그때마다 속으로 외치는 1초 남짓한 시간이 하루 전체에 긍정적인 영향을 준다. 나는 이를 '문 앞 트리거'라고 한다. 이는 세계적인 리더십 구루 마셜 골드스미스가 행동으로 이끄는 방아쇠 역할을 하는 장치를 '트리거Triggers'라고 부른 것에서 영감을 얻어 내게 맞게 활용한 것이다.

세계적인 성과코치 브렌든 버처드의 저서 《식스해빗》에서도 '문틀 다짐'이라는 표현이 나오는데, 이를 습관으로 만들었을 때의 가장 좋은 점은 최상의 상태를 계속 유지해 준다는 거다. 그리고 이 행동은 응용이 무궁무진하다. 출퇴근할 때도, 차를 타고 내릴 때도, 피트니스센터에 운동하러 갈 때도 우리는 어디서든 문을 지나다녀야 하니까. 또 문을 열었을 때는 어떤 목적을 이루기 위해 들어갔을 테고, 다시 나올 때는 목적한 바를 이루고 나와야 한다.

문틀에서부터 다르게 시작해 봐라. 브렌든 버처드 수강생들의 인터뷰에 따르면 높은 성과를 낸 사람들일수록 다른 사람들보다 자신이 추구하는 이상적인 모습을 상상하고, 그것을 이루기 위해 이미지 트레이닝을 하는 데 1시간가량 더 사용한 것으로 나타났다고 한다.

추구하는 이상적인 모습을 문 앞에 붙여두고,
문을 드나들 때마다 외쳐봐라.
일상에 새로운 환기를 불러올 것이다.

미국 백만장자들의 성공 요인 1위

앞서 '문 앞 트리거'에 대해 나눴다. 그리고 매일 사무실 문 앞에서 '세상에서 가장 훌륭한 메신저'를 읽은 후, '오늘도 세상에서 가장 훌륭한 메시지를 온몸으로 만들고 전하자!'라고 되뇐다고 밝혔다.

이를 꾸준히 실천해 보니 2가지 큰 장점을 발견했다. 하나는 살아낸 것만 말해야 해서 과장이 없다. 그래서 정직할 수 있다. 또 다른 하나는 살아낸 것을 말하니 거짓이 없다. 그래서 당당할 수 있다.

이 둘을 관통하는 건 '정직'이다. 사람이 켕기는 게 있으면 머뭇거리게 되고, 켕기는 게 없으면 거리낌이 없다. 한마디로 정직하면 당당할 수 있다. 이러한 이유로 개인적으로는 당신이 의미 있는 인생을 꿈꾸거나, 리더의 위치에 있거나, 큰 성공을 원한다면, 더더욱 이 자세를 죽는 순간까지 가져가야 한다고 생각한다.

미국의 백만장자들을 추적 조사해 《이웃집 백만장자》를 저술한 저자 토머스 J. 스탠리는 백만장자들의 성공 요인 1위가 정직이라고 한다. 그만큼 정직은 갖추면 좋고, 없으면 그만인 미덕 정도가 아니라 '생존'의 문제다. 정직이 신뢰를 만들고, 신뢰가 좋은 평판을 듣게 하는 역할을 해주는 덕분이다. 나아가 평판이 부를 이루어 낸다. 인류 역사상 가장 지혜롭고 부유했던 솔로몬 왕은 인류 최고의 지혜서 〈잠언〉에서 아래와 같이 조언한다.

> 첫째, 정직한 사람의 길은 고속도로와 같다(잠언 15:19).
> 둘째, 눈에 보이는 많은 재물보다 보이지 않는 좋은 평판을 택하라(잠언 22:1).
> 셋째, 정직하게 얻은 적은 수입이 부정직하게 얻은 많은 수입보다 낫고(잠언 16:8), 속여서 얻은 재물은 사라지는 안개, 죽음의 덫과 같다(잠언 21:6).
> 넷째, 친절함과 성실함을 함께 소유하고, 성실하게 신의를 지키는 사람은 어디서 누구를 만나든지 신망을 얻고 특별대우를 받는다(잠언 3:3-4).

왜 백만장자들의 성공 요인 1위가 정직인지 이해되는가? 성공하려면 좋은 기회를 만나야 하는데, 그 기회는 사람들과의 관계를 통해서 온다. 결국 관계를 잘 맺어야 성공한다는 뜻이다. 또 모든 관계의 기초는 신뢰이고, 신뢰는 정직에서 비롯된다. '발 없는 말이 천리 간다.'는 말이 있듯, 평판의 위력은 생각보다 더 강력하다.

이 힘을 내게 유리하게 활용해야 한다. 좋은 평판이 지속해서 많은 기회를 불러온다는 걸 명심해라. 그리고 좋은 평판을 쌓으려면 늘 정직해라. 한번 무너진 신뢰는 다시 회복하기가 아주 힘들거나 거의 불가능하다. 그래서 성공한 사람들은 좋은 평판을 쌓고, 좋은 네트워크를 형성하고, 이를 유지하기 위해 많은 노력을 기울인다.

실행력을 끌어올리는 방법

실행을 못하는 진짜 이유는 방법을 몰라서도 아니고, 실패가 두려워서도 아니다. 진짜로 하고자 하는 마음만 있다면 물어서라도 길을 찾고, 찬밥 더운밥 가리지 않고 자존심을 내려놓고서라도 해내는 게 사람이다. 그렇다면 무엇이 문제일까?

바로 '하고자 하는 마음'이 없다는 것이다. 이렇게 말하면 많은 사람이 "아니에요! 하려는 마음도 있고, 해야 하는 것도 알아요. 그런데……"라며 할 수 없는 이유를 늘어놓는다. 물론 이해는 한다. 그래서 '그 일을 반드시 해내야만 하는 이유가 분명치 않기 때문이다.'라는 표현이 더 정확하겠다. 왜냐면 '하면 좋고, 아님 말고'의 애매모호한 태도로는 그 어떤 열정도 만들어지지 않으니까.

한편, 내가 만난 실행력이 떨어지는 사람들에게는 공통점이 있었는데, 모든 게 막연했다. 목표, 실행 방법, 기한, 하지 못했을 때 얻을 불이익 등 명확한 게 하나도 없었다. 또 그들은 늘 주구장창 결심만 하는 '결심 중독자'였다. 그건 그냥 '안 하겠다.', '나는 바뀔 생각이 없다.'는 말과 같은 소리다. 지금 당신에게 실행력을 끌어올릴 힘이 부족하다면 아래의 5가지 방법을 실천해 보면 좋겠다.

첫째, 목표를 공개적으로 선언해라.

최대한 많은 사람에게 나의 목표와 결심을 공개적으로 알려라. 여기에 더해 목표를 달성하지 못했을 때 감당할 불이익도 약속하면 더 효과적이다. 가령, 담배를 끊겠다는 결심을 공개 선언하고, 가족과 지인들에게 "오늘 이후로 나의 흡연하는 모습이 발각되면 너에게 100만 원을 줄게."라고 하는 것이다.

둘째, 환경을 세팅해라.

먼저 목표 성취를 돕는 환경으로 배치하고, 장애물을 제거한다. 그런 다음 성공했을 때의 이미지와 실패했을 때의 이미지를 눈에 보이는 곳에 두고, 의식적으로 계속 봐라. 예를 들어, 다이어트를 하겠다는 목표를 세웠다면 함께 다이어트 할 사람을 모아 단톡방을 개설하고, 각자의 목표 체중 혹은 체지방률을 공유한다. 그리고 철저한 식단관리를 할 수 있도록 매일 인증샷을 올린다. 가능하다면 함께 운동하고, 그게 어렵다면 운동하는 모습을 영상으로 촬영해 SNS상에 다이어트 과정을 공개한다. 이때 식단이나 운동 미션을 어길 시 벌금 부과와 같은 불이익 제도를 둔다. 개별적으로는 다이어트에 성공했을 때의 모습과 실패했을 때의 모습을 잘 보이는 곳에 붙여두고 계속 본다.

셋째, 작게 시작하여 과정을 즐겨라.

단기간에 이룰 수 있는 작은 목표를 여러 개 세우고, 목표를 달성할 때마다 보상해라. 그리고 처음보다 더 큰 목표를 세워라. 대표적으로 다이어트를 할 때 1~2주에 한번, 먹고 싶은 걸 먹는 '치팅데이'를 들 수 있다. 그러면 지치지 않고 다이어트를 계속해 나갈 수 있다. 혹 목표 체중을 달성한다면, 입고 싶었던 옷을 구매하거나 변화한 모습을 사진으로 남기거나 더 높은 목표를 설정해 대회 준비를 할 수도 있다. 더 나아가 다이어트 방법을 공유하며, 커뮤니티를 운영해도 된다.

참고로 정신과 의사 가바사와 시온의《당신의 뇌는 최적화를 원한다》에서는 "도파민은 스스로 분명한 목표를 설정하고, 그것을 위해 노력하는 과정에서 나온다. 그리고 목표를 달성하면 그때 다시 한번 도파민이 나온다."고 한다. 이는 도파민은 처음 시작할 때와 마침내 달성했을 때 딱 두 번만 나온다는 뜻이다. 그런데 이렇게 되면 열정을 지속하기가 어렵다. 그래서 목표를 잘게 쪼개라는 것이다. 그래야 도파민이 오랫동안 분비되므로.

넷째, 나만의 데드라인을 설정한다.

마감 기한을 정했다면 조금이라도 더 당기려고 노력해 보고, 당겼다면 당긴 만큼 자유를 선물하거나 새로운 일을 시작해라. 교육 프로그램에 참여했다고 가정해 보자. 그런데 매주 주말마다 제출해야 할 과제물이 있다. 그렇다면 매일 새벽 시간을 활용해 더 빠르게 제출할 것을 추천한다. 그것은 남은 시간을 더 자유롭게 보내게 해줌은 물론 새로운 목표에도 도전하게 한다.

다섯째, 변화의 Before & After를 그려라.

5년 전의 과거와 현재 그리고 5년 후의 모습을 머릿속으로 떠올려 본 다음 종이에 재정, 건강, 사랑, 관계, 자신감 등을 구분해 직접 써 보는 시간을 가져라. 그러면 과거와 현재의 차이를 알 수 있다. 만일 성장한 모습이 보이면 성취감을 안겨 줄 것이고, 부진한 점이 있다면 방법을 찾는 계기가 될 것이다. 또 더 성장시키고 싶은 부분이 있다면 5년 안에 현실로 만들 계획을 구상해라.

| 반드시 해낼 거라는 믿음을 주는 질문 |

앞서 언급한 변화의 Before & After는 과거와 현재의 나를 점검할 수 있는 동시에 앞으로 무엇을 해야 할지 방향을 설정하고, 행동으로 이끄는 역할을 해준다. 아래 <전대진의 변화 Before & After>를 참고해, 당신만의 변화 Before & After를 작성하여 실행력을 끌어올리는 도구로 활용해라.

<전대진의 변화 Before & After>

구분	5년 전의 과거	현재	5년 후의 미래
재정	아르바이트, 150만 원	직장, 월 300~400만 원	사업, 월 3,000만 원 이상
건강	체중 감량 후 요요 반복	비만, 다시 다이어트 결심	식스팩이 선명한 멋진 몸매
사랑	좋아했던 사람과의 이별	솔로의 시간을 보냄	이상형과 연애 후 결혼
관계	많은 친구와 연락했지만 외로움을 느낌	소수의 친구들과 연락 중, 다양한 사람을 만나고 싶음	나와 결이 같고, 비전 있는 사람들과 네트워크를 이룸

<_____의 변화 Before & After>

구분	5년 전의 과거	현재	5년 후의 미래
재정			
건강			
사랑			
관계			

성공하기 전에 꼭 해야 할 1가지

성공을 향해 나아가는 과정은 계단과 같아서 한번에 원하는 곳에 도달할 수 없다. 그리고 계단마다 배워야 할 기본기가 있다. 특히, 원점에서 시작하는 사람이라면 당장 생계 문제부터 해결해야 할 경우가 많을 거다. 이때는 마음이 급해서 곁에서 아무리 좋은 조언이나 전략이나 방법을 얘기해줘도 소화를 못한다. 전력 질주로 숨을 헐떡이는 상황에서는 아무리 좋은 말도 귀찮게 느껴질 뿐이니까. 이러한 이유로 성공을 향한 도전을 시작할 때, 당신이 꼭 우선으로 해야 할 일은 생존 문제 해결이다. 쉽게 말해, 뭐라도 해서 돈을 벌어야 한다.

한편, 나는 책을 사랑한다. 이런 내게 "책이 밥 먹여 주냐?"라고 묻는 사람이 있는데, 그때마다 나는 "그럼요, 책이 밥도 먹여주고 꿈도 이루게 해주죠."라고 답한다. 하지만 처음 시작해서 마음이 급한 사람에게는 "일단 밥을 먹어야 책을 볼 집중력이 생긴다."라고 한다. 특히, 나이가 30대가 넘어가면서부터는 도전할 용기조차 잘 내지 못하니, 이럴 때는 없는 용기를 내라고 적용 불가능한 조언을 하기보다 일단 생계부터 확보하라고 권한다. 이는 직장생활을 하다가 전업 유튜버 전향에 성공한 사람들이 하나같이 유튜브로 얻는 수입이 직장에서 받는 월급을 초월하기 전까지는 직장을 절대 그만두지 말라고 강조하는 것과 일맥상통한다고 볼 수 있다.

얼마 전, 에어컨 설치 기사와 나눴던 대화에도 이런 내용이 담겨있다. 이사를 하면서 에어컨 설치 기사를 부르게 됐는데, 설치를 마치고 이동할 때, 마침 방향이 같아서 차를 얻어 탔다. 그와 이런저런 대화를 나누던 중 급여가 궁금해서 물었더니, 그는 웃으며 이렇게 말했다. "수리 작업이 기술이 필요하지, 설치하는 건 기술이 딱히 필요 없습니다. 그래도 여름철에만 월 2,000~3,000만 원 정도 벌어요. 이동 거리가 그리 멀지도 않고요. 한동네 안에서만 돌아다니거든요. 그래도 젊은 사람들은 힘들다고 안 해요. 안 그래도 며칠 전에 20대 신입이 입사했는데, 적성 타령하더니 며칠 오고 안 나오더라고요. 일단 먹고 살아야지, 적성 따질 겨를이 어디 있어요? 다 욕심이죠, 하하."

이를 통해 세상에는 돈 버는 방식이 다양하고, 저마다의 고충은 있겠지만, 전문적인 기술과 지식을 쌓지 않아도 돈 자체를 많이 벌 수 있는 일이 많다는 걸 배웠다. 또 만약 지금 내가 가진 지식과 역량 없이 새롭게 0에서 시작하는 상태에서 에어컨 기사의 말을 들었다면, 나는 곧바로 그의 말이 진짜인지 알아본 후 어떻게든 돈을 벌었을 것이다. 그리고 그 돈으로 성장을 위한 경험을 샀을 것이다.

나도 20대 초중반에는 '좋아하는 일', '잘하는 일'을 따질 겨를이 없었다. 물론, 글을 쓰고 SNS에 올려서 사람들과 소통하는 걸 좋아하고, 잘했다. 하지만 이를 안정적인 수익으로 전환하는 능력이 부족했다. 또 내가 성장하던 시기에는 관련 교육을 해주는 전문가나 강의 사이트, 영상 콘텐츠가 드물었다. 그리하여 현실에서는 식당 주방에서 음식을 조리하고, 서빙을 할 수밖에 없었다. 또 밤에는 웨이터 아르바이트까지 했다. 그런 가운데 취객에게 멱살이 잡히거나 모욕을 당할 때도 많았다. 하지만 생계를 위해 돈을 벌어야 했고, 그 돈에서 성장을 위한 자기 계발 비용을 따로 떼어 두었다. 그렇게 1년간 돈을 모아서 고가의 교육과 세미나를 들으러 다녔다. 내게 투자한 것이다. 사람마다 재테크 방법이 다르겠지만, 이전의 생존 단계에서는 저축보다 돈 버는 능력 자체를 키우는 게 우선이라 여겼고, 지금도 여기에 대한 견해에 변함은 없다. 다만, 똑같은 방식으로 살면 똑같은 내일만 반복되기에, 성장에 대한 열망이 있는 사람들과 어울렸고, 성과를 내고 성공한 사람들을 만나며, 자기 계발 비용으로만 지난 10년간 1억 이상을 썼다.

혹시 눈치챘는지 모르겠다. 나는 내가 좋아하고, 잘하는 일이 돈을 벌어다 주는 일로 전환될 때까지 '하기 싫지만 돈을 벌 수 있는 일'을 했다. 언제까지? 하기 싫은 일보다 좋아하는 일이 더 많은 돈을 벌어다 줄 때까지. 여기에 따라 나는 비로소 5년 만에 감옥에서 탈출했다.

참고로 좋아하는 일로 성공하려면 좋아하는 일을 돈이 되는 일로 바꾸어야 한다. 여기서 돈이 되는 일은, 내가 잘하는 것 즉, 나의 강점이 고객의 결핍을 충족시켜줌으로써 세상이 필요로 할 때 현실로 이루어진다.

아래는 내가 생계 문제라는 감옥에서 탈출하기 위해 실천했던 방식이다. 이를 참고하여 부디 당신도 인생의 변화를 맛보았으면 한다.

> **<감옥 탈출을 위한 성장 테크 5단계>**
>
> ① 흥미와 관계없이 지금 바로 돈 벌 수 있는 일을 해라. 이는 생존 문제를 해결해 준다.
>
> ② 번 돈에서 일부를 떼어내 자기 계발에 투자해라. 나에게 강점을 장착하는 지름길이다.
>
> ③ 자기 계발을 하면서 강점을 활용해 작은 돈을 버는 경험을 만들어라.
>
> ④ 작은 돈을 버는 경험의 양과 네트워크를 확장해라.
>
> ⑤ 큰돈 버는 경험을 만들고, 1번에 해당하는 생존을 위한 일을 줄여가라. 그럼 서서히 감옥에서 벗어날 수 있을 것이다.

사실 이제는 상황이 많이 달라졌다. 좋은 정보를 빠르게 얻을 수 있고, 유튜브, ZOOM 등 각종 온라인 플랫폼에서 전문가들의 강의를 쉽게 들을 수 있는 세상이 됐다. 앞에서도 예시로 들었듯 내가 초반에 인스타그램 팔로워를 10만 명 모으기까지 6년이 걸렸지만, 전문가의 도움을 받고 나서는 같은 팔로워 수를 1년 만에 모았다. 인스타그램이 활발해지기 전, 관련 비결을 공유해 줄 사람이 없던 시기에는 상상도 못 한 성과다. 다른 분야도 마찬가지다. 벤치마킹할 모델도, 도움을 줄 전문가도 많아졌다. 다시 말해, 이는 당신이 마음먹기에 따라 감옥 탈출 시기를 얼마든지 단축할 수 있다는 뜻이다.

| 반드시 해낼 거라는 믿음을 주는 질문 |

성장과 성공을 위해서는 금전적인 문제 즉, 생계가 해결돼야 한다. 누가 뭐라고 해도 그게 0순위가 돼야 한다. 나 스스로 풍족해야 나의 나눔이 더 가치 있는 법이다. 성장과 성공을 꿈꾼다면, 아래 5가지 질문을 바탕으로 본인이 어떤 상황인지, 무엇이 필요한지 눈으로 확인해 봐라.

<감옥 탈출을 돕는 5가지 질문>

질문 1
생계를 위한 노동을 하며 급여를 받고 있는가?

_____

_____

질문 2
급여 중 일부를 떼어 자기 발전에 투자하는가?

_____

_____

질문 3
나만의 강점을 발견하고, 이를 강화하고 있는가?

_____

_____

질문 4

내 강점을 활용해서 돈을 번 경험이 있는가?

이를 가능하도록 도와줄 멘토, 네트워크가 있는가?

———————————————————

———————————————————

질문 5

더 많은 기회를 얻기 위해 네트워크를 형성하고 있는가?

———————————————————

———————————————————

변화를 일으키는 재료 2가지

남자들의 로망인 소년만화 《드래곤볼》은 전 세계에서 3억 5,000만 부 이상 판매됐다. 여기에 등장하는 주인공 손오공은 겉보기에는 지구인의 모습을 하고 있지만, 설정상 전투 민족 사이어인이라는 종족이다. 이 사이어인은 죽음의 고비를 극복하면 전투력이 배로 상승하는데, 자신의 한계를 돌파하면 슈퍼 사이어인이 되고, 이 과정을 거듭할수록 전투력이 기하급수적으로 상승한다. 이로써 더 강한 적과 싸울수록 점점 더 강해지고, 도저히 이길 수 없을 듯한 적을 한계를 돌파해 마침내 승리하는 모습은 독자의 가슴을 뛰게 만든다. 이때 최초로 사이어인이 되는 계기는 '분노'다.

분노가 일어나는 계기는 다양하다. 사랑하는 사람과 내가 소중하게 여기는 가치를 지키지 못했다는 생각에서 생기기도 하고, 나보다 항상 앞서가는 라이벌에 대한 열등감과 질투에서 비롯하기도 한다. 이 점을 감안했을 때, 분노는 '각성의 계기'가 된다. 재미있는 부분은 각성 이후 처음에는 분노를 조절하지 못하지만, 나중에는 셀프 컨트롤이 가능해지고, 평소와 같은 평온한 상태를 유지할 수 있게 된다. 이를 통해 얻는 교훈이 있다.

삶의 '드라마틱한 변화'를 원한다면 분노해야 한다. 화火가 나야 한다. 그러면 성장하고 성숙해질수록 화花로 바뀐다. 이러한 이유로 시작이 두려운 사람에게는 이러한 각성의 계기가 필요하다. 그러니 성장이 필요하다면 화를 내라. 당신은 지금 화를 내야 한다!

한편, 2021년, 코로나19가 창궐했을 때, 당시 나의 상황은 '빛 좋은 개살구'란 표현이 딱 맞았다. 겉으로는 고상하게 "베스트셀러 작가님" 소리를 들으며 사람들에게 사인을 해주고 있었지만, 책이 판매된 만큼 정산을 받는 입장이라서 수입이 일정하지 않았다. 강연 초대를 받아도 대부분 무료 특강이었다. 한마디로 에너지 소진은 많고, 실속은 없었다. 여기에 더해 부모님과 함께 운영하는 매장 주방에서 하루 종일 불 앞에서 땀을 뻘뻘 흘리며 요리를 해야 했다. 그래서 편안한 차림으로 있다가 음식을 서빙하면, 사람들이 홀대하는 게 피부로 느껴졌다. 그러다 매장에 비치해 둔 내 책을 보고 내가 그 책의 저자이고, 유명인이라는 걸 알게 되면 나를 대하는 자세가 급변하는 걸 여러 차례 겪으며, 오만가지 생각이 들었다. 결정적으로 그 무렵 오픈 채팅방이 유행하기 시작했는데, 평범한 주부였다가 월 1,000만 원을 벌었다거나 중퇴했는데 연봉 1억이 됐다는 소식을 계속 접하게 되면서 요즘 말로 '현타'가 왔다. '도대체 내가 저 사람들보다 뭐가 부족한 거지?', '나보다 유명하지도 않은 사람들이 어떻게 저렇게 돈을 잘 벌지?', '성공할 조건은 내가 훨씬 좋은 거 같은데 도대체 뭐가 문제지?'와 같은 열등감이 생겼고, 질투가 난 것이다. 무엇보다도 남을 질투하는 내 모습이 너무 찌질하고, 한심해 보여서 나 자신에게 화가 났다. 그 분노는 각성의 계기가 됐고, 큰 결단을 내리게 했다. '이 열등감을 변화의 계기, 성장의 재료로 삼자! 나도 해내 보이면 되지 뭐!'라고 말이다.

그 후 반드시 해내고야 말겠다는 절실함으로 질투의 대상을 찾아가서 대가를 지불하면서 배웠다. 그러자 그가 10년 걸려서 이룬 성과를 단 1~2달 만에 거둘 수 있었다. 그리고 질투의 대상은 감사의 대상이 됐다. 이런 걸 보면 사람의 마음이 참 간사하고, 단순한 거 같다. 그 사람은 그대로인데 그를 바라보는 나의 관점이 바뀌었으니 말이다. 당연히 상대를 보며 부러움과 질투를 느낄 수는 있다. 하지만 질투를 상대를 향한 비난으로 가져가는 것만큼 한심한 건 없으니 질투심이 생긴다면 변화의 자원으로 활용해라.

이 경험을 통해 변화를 원한다면 2가지의 감정을 변화의 재료로 활용할 수 있어야 함을 깨달았다. 바로 나의 결핍을 열등감으로 폭발시켜서 '절박함'으로 만들고, 진정으로 원하는 걸 발견해서 '절실함'으로 만드는 거다. 여기서 전자는 지옥에서 탈출하고 싶은 강렬한 마음이고, 후자는 천국에 입성하고 싶은 뜨거운 마음이다. 이를 바탕으로 간절함은 절박함과 절실함의 콜라보임을 알 수 있다. 그리고 이는 변화의 재료이자 성장의 자원이 되어준다.

| 반드시 해낼 거라는 믿음을 주는 질문 |

아래는 앞서 언급한 결핍을 성장의 재료로 활용하는 데 있어서 스스로 점검해 볼 수 있는 질문이다. 직접 묻고, 답을 눈에 보이게 작성해 보길 권한다.

<결핍을 성장의 재료로 활용하는 5가지 질문>

질문 1

살면서 자존심 상했거나 자신의 무력감을 느낀 경험이 있는가?

그때가 언제이고, 어떤 상황인가? 그때 어떤 기분이 들었는가?

_____

_____

질문 2

그때 그 상황에서 나는 어떻게 반응했는가?

_____

_____

질문 3

그때 그 순간으로 다시 돌아간다면 어떻게 하고 싶은가?

_____

_____

질문 4

미래에 같은 상황이 벌어진다면 어떻게 대응하겠는가?

질문 5

과거의 느꼈던 부정적인 감정이나 경험을 통해 배울 수 있는 것은?

앞으로 더 나은 내일을 위해 오늘부터 할 수 있는 일이 있다면?

평생 무한 성장하는 비결 2가지

많은 사람이 성장을 어려워한다. 그 와중에도 우리 주변에는 끊임없이 성장해 나가는 사람들이 있다. 그들은 평생토록 성장하는 무기와 다름없는 아래의 2가지 비밀을 깨우친 이들이다.

첫째, 마스터 마인드 그룹을 형성한다.

롭 무어는 영국에서 가장 빠르게 성공한 30대 초반의 백만장자로 그는 그의 저서 《레버리지》에서 '마스터 마인드 그룹'이라는 표현을 사용한다. 이는 '각자의 분야에서 발휘하는 능력을 상호 보완하고 통합함으로써 서로를 발전시키는 현명한 사람들의 집단'이란 의미다. 다시 말해, 서로 가르치고 배우며 성장하는 즉, '교학상장', 'WIN-WIN'하는 단체다.

내게도 이런 모임이 있는데, 개인적으로 베스트셀러 작가가 된 후 얻은 가장 큰 유익이 된 부분이 마스터 마인드 그룹을 형성하고, 그 일원이 된 것이라고 생각한다. 이유인즉, 성공하는 사람은 왜 계속 더 성공하고, 성공하고도 왜 더 많이 배우는지 알 수 있었던 덕분이다. 체험한 바에 의하면, 성장할수록 더 큰 동기 부여를 얻기 쉽다. 왜냐면 성장하는 만큼 멋진 인생을 사는 사람을 만날 기회가 많아지니까. 실제로도 내가 성과를 내기 시작하니 다른 분야에서 성과를 낸 사람들과 어울리며, 서로 교류할 수 있게 됐다. 또 그 빈도와 범위, 수준이 향상될수록 더 많은 기회가 찾아왔다.

몇 가지 예시를 들어보자면, 우선 강연이다. 처음에는 자기 계발 목적으로 참여한 교육 기관에서 10명 내외의 소그룹에서 발표하는 수준이었다. 그러다가 어느 순간 400명 앞에서 발표하게 됐고, 나중에는 발표가 아닌 100명, 급기야 2,000명 앞에서 강연을 했다. 더 나아가 온라인에서 수만 명을 대상으로 강연을 하기에 이르렀다. 다음은 방송이다. 처음에는 매주 참여하는 모임 리더의 소개로 라디오 게스트로 나갔는데, 반응이 좋아 PD의 추천으로 매주 라디오 방송을 하게 됐다. 그렇게 경험이 쌓이면서 TV 프로그램에도 출연하게 됐다. 마지막으로 SNS다. 처음에는 생각을 정리할 목적으로 글을 게시했다. 그런데 내 글이 점점 더 많은 사람에게 알려지면서 10만 명의 팔로워가 생겼다. 그에 더해 연예인들이 내 글을 공유한 게 기사로 올라오기도 했다. 그 결과 출판사에서 연락이 왔고, 출간을 했다. 책이 유명해지니 모니터로만 보던 연예인들과 유명 운동선수들이 내 팬이라며 메시지를 보내왔다.

이처럼 내가 성장할 때마다 새로운 만남이 찾아왔고, 그 만남으로 인해 나는 더 크게 성장했다. 그 과정에서 문제를 해결하는 방법을 배우거나, 새로운 관점과 아이디어를 얻거나, 문제 해결에 도움을 줄 'Key man'을 소개받을 수 있었으니까.

둘째, 뛰어난 사람들과 파트너십을 맺는다.

지혜의 왕 솔로몬은 잠언에서 "지혜로운 사람과 함께하면 지혜를 얻고, 어리석은 사람들과 함께하면 해를 입는다."라고 말한다. 더불어 성공적인 삶을 위해서는 나보다 뛰어난 사람들 즉, 조언자advisor와 상담 전문가counsellor들로부터 필요한 충고를 듣고, 도움을 적극적으로 받으라고 아래와 같이 조언한다.

> **<성공적인 삶을 살기 위한 솔로몬의 조언>**
> ① 현명한 리더가 없이 싸우러 나가는 사람은 패할 수밖에 없으나, 슬기로운 조언자가 많은 사람은 이길 수밖에 없다(잠언 11:14).
> ② 조언자가 없으면 실패하지만, 조언자가 많으면 계획한 일이 성공한다(잠언 15:22).
> ③ 계획을 세우기에 앞서 먼저 전문가의 조언을 듣고, 전쟁하기에 앞서 지혜로운 전략가들의 도움을 받아라(잠언 20:18).
> ④ 너는 전쟁하기에 앞서 전략을 잘 세워라. 승리는 전술적인 조언을 많이 받는 데 달려있다(잠언 24:6).

한편, 성공한 사람들 주변에는 그들의 성공을 돕는 뛰어난 조력자와 조언자들이 있다. 위에서 잠시 언급한 롭 무어도 "중요한 일을 할 때 안내와 도움이 없으면 어둠 속에서 길을 더듬어 찾다가 실수를 저지르게 된다. 부자들과 성공하는 사람들은 지속해서 코치, 멘토, 네트워크에 많은 투자를 한다. 그들과 파트너십을 맺으라."고 조언한다. 이로써 2300년 전의 부자와 현대의 부자가 하는 말이 일맥상통한다는 사실을 알 수 있다.

이에 나는 솔로몬과 롭 무어의 조언을 받아들여서 전문 코치로부터 코칭을 받으면서 매월 1일에 온라인 미팅을 갖는다. 이때 지난 한 달을 피드백하고, 다가오는 한 달을 계획한다. 이렇게 정기적으로 전문가의 관리를 받으면 다음의 5가지 장점이 있다. 첫째, 많은 영감을 얻을 수 있고, 둘째, 에너지 관리를 할 수 있다. 셋째, 새로운 기회를 얻을 수 있으며, 넷째, 설렌 마음으로 살 수 있다. 다섯째, 든든한 내 편이 생긴다.

각 항목에 대한 부연 설명을 하자면, 코치의 질문에 답하다 보면, 내가 생각하지 못했던 걸 깨닫고, 많은 영감을 받는다. 놓치고 있던 것을 발견하기도 하고, 사업에 적용할 아이디어를 얻기도 한다. 그리고 그저 바쁘게만 살면 방향을 잃기 쉽고, 스스로 돌보지 못하면 어느 날 갑자기 번 아웃이 올 수도 있는데, 코칭을 받은 후로 에너지 관리를 더 잘할 수 있게 됐고, 더 활력 있게 한 달을 살게 됐다고 확신한다. 상황이 이러하니 다음 달 코칭 시간에 대한 기대감이 커지는 건 당연하다. 이번 한 달에 집중해서 더 잘살고 싶어지는 건 덤이다. 그럼 다음 달에 더 풍성하게 나눌 이야깃거리가 많아지니 말이다. 이뿐만 아니다. 코치를 통해 새로운 사람이나 교육을 소개받는다. 반대로 내가 코치에게 고객을 소개해 주기도 한다. 서로 파트너십을 맺은 셈이다. 때로는 안 좋은 일이 있을 때 속마음을 털어놓으며, 힘을 얻기도 한다.

힘들 때 어딘가 털어놓을 곳이 확보돼 있다는 것 자체로 심리적 안정감을 준다. 이러한 이유로 나에게는 코칭 시간이 보물을 캐내는 시간이고, 기적을 계획하는 시간이다.

| 반드시 해낼 거라는 믿음을 주는 질문 |

목표가 명확해야 구체적으로 도움을 요청할 수 있다. 그런데 이를 위해서는 자기 자신의 청사진이 있어야 한다. 이러한 의미로 아래 질문에 답하며, 5년 후 성취하고 싶은 목표를 생각해 봐라.

<평생 무한 성장을 돕는 3가지 질문>

질문 1

지금 나에게는 어떤 도움이 필요한가?

질문 2

필요한 도움을 얻을 수 있는 사람, 네트워크를 찾기 위해 시도할 일은?

질문 3

'마스터 마인드 그룹'을 만든다면 나는 어떤 도움을 주고 싶은가?

만약, 현재 능력이 부족하다면 지금부터 무엇을 준비하면 좋을까?

평범한 사람이 인생을 바꾸는 5가지 습관

평범한 사람이 인생을 바꾸려면 평소 하지 않았던 행동을 해야 한다는 말이 있다. 그 가운데 성공자들이 공통으로 가진 습관 5가지를 공유해 본다. 부디 현재보다 더 나은 삶을 살고 싶다면, 읽는 데서 그치지 말고 실행으로 옮기길 권한다.

첫째, 중요한 일에 집중한다.

사람이 행복하든 성공하든 인생의 긍정적인 변화를 만들기 위해서는 단순해질 필요가 있다. 단순해야 힘이 생긴다. 복잡하면 힘이 분산된다. 집중하면 이기고, 분산되면 망한다.

제1차 세계 대전 당시 독일은 서부에서는 프랑스를, 동부에서는 러시아를 동시에 상대해야 했다. 당연히 병력의 한계가 있었고, 힘을 한곳에 집중시킬 수가 없었다. 한쪽 전선에 적이 공격하면 다른 전선에 있는 병력을 이동시켜야 했고, 방어에 성공해서 이겨도 다른 전선으로 인해 어느 한쪽으로 확실히 밀고 갈 수가 없었다. 그래서 늘 교착 상태에 빠졌고, 결국 독일은 패전국이 됐다. 이와 반대로 이순신은 상대방이 힘이 분산되는 걸 잘 이용했다. 이순신은 왜군에 의해 수도 한양까지 함락됐음에도 출정을 미뤘다. 아군이 왜군보다 수적으로 매우 열세해 적이 분산되기를 기다린 것이다. 참고로 당시 일본 함대는 500여 척에 달했지만, 이순신이 동원할 수 있는 함대는 고작 24척에 불과했다. 이러한 그의 전술에 따라 원균의 함대와 연합해 첫 승전고를 울렸다. 또 이순신은 임진년 첫 전투 때부터 전쟁이 끝날 때까지 단 한번도 단독작전을 펼치지 않았다. 그는 가능한 한 모든 조선 함대를 통합한 상태에서 해전을 치르려 했다. "통합된 세력으로 분산된 열세의 적을 공략하라." 이것이 수적 열세를 극복하기 위한 이순신의 승리 방책이었다.

두 사례를 통해 알 수 있듯 지지부진한 상태를 떨쳐내지 못하는 사람들의 공통점은 '집중력 부족'이다. 그들은 무엇이 진짜로 중요한 일인지를 모른다. 무엇이든지 집중의 분산은 어떤 일도 하지 못하게 만든다. 망하고 싶다면 분산하고, 흥하고 싶다면 집중하면 된다. 이는 작은 물방울이 한곳에 계속 떨어지면 거대한 바위를 뚫고, 작은 돋보기가 햇빛을 받아 한곳을 계속 비추면 종이를 뚫는 원리와 같다. 즉, 온 신경을 하나에만 집중하면 결국 해낼 수 있다.

인생을 불행하게 만드는 또 하나의 요인은 '타인에 대한 지나친 관심'이다. 이런 사람들은 다른 사람의 시선을 과도하게 신경 쓰고, 자기 인생의 문제도 제대로 해결하지 못하면서 남에게 관심이 많다. 그래서 정작 자기가 집중해야 할 일에 제대로 집중하지 못한다. 나 자신이 먼저 똑바로 서는 게 중요하다. 내 삶이 무너지면 죽도 밥도 안 된다. 그러니 남의 부탁을 거절하지 못하는 자세와 잘못된 걸 알면서도 상대에게 끌려다니는 우유부단한 행동을 얼른 끊어내라. 더 이상 자신의 삶을 무너뜨리지 마라. 자신에게 집중해라.

둘째, 시간 관리를 한다.

성공하는 사람은 모두 시간을 관리한다. 3P자기경영연구소 강규형 대표가 쓴 《성과를 지배하는 바인더의 힘》에서는 시간 관리의 3요소를 '시간 기록', '우선순위', '새벽형 인간'이라 한다. 설명을 덧붙이자면, 시간을 관리하기 위해서는 시간을 어디에 어떻게 쓰고 있는지 눈에 보여야 한다. 그러려면 나만의 시간 관리 도구를 항상 휴대해야 하는데, 개인적으로 3P바인더를 추천한다. 여기에 더해 일의 우선순위를 매긴 다음 가장 잘 보이는 곳에 붙여두고, 정신없이 하루를 시작하기보단, 고요한 새벽을 활용해 그날 일정을 체크하면서 어떻게 처리할지 이미지 트레이닝하는 훈련은 큰 도움이 된다. 시간을 지배하는 사람이 될 것인가? 시간에 지배당하는 사람이 될 것인가? 당신의 선택에 달려 있다.

셋째, 실천과 자극을 반복한다.

사람이 목표를 향해 열심히 달리다 보면, 항상 똑같은 에너지를 지속할 순 없다. 지칠 때는 잠시 하던 일을 내려놓고 '새로운 자극' 즉, 동기 부여를 받으며, 스스로를 돌아보는 시간을 가져야 한다. 이러한 자기 돌봄은 성찰을 통해 심신의 에너지를 충전해 주고, 다시 힘을 내서 목표를 향해 전진할 수 있게 한다. 그러다가 지치면 이 과정을 반복한다. 그러면 원하는 지점 끝까지 갈 수 있다. 이것이 실천과 자극을 반복하며, 완급 조절을 해야 하는 이유다.

넷째, 성장의 재료를 모으러 다닌다.

어떤 일을 시작하려고 할 때, 아직 아무런 시도도 하지 않은 사람들이 생각을 가장 많이 하고, 오랫동안 그런 상태로 시간을 흘려보낸다. 그럴수록 두려움은 더 커질 뿐이다. 이는 식재료나 도구가 하나도 없는데, 어떤 음식을 만들지를 고민하는 것과 같다. 부디 시기상조의 고민을 하지 마라. 대신 집 앞의 마트나 편의점에 먹을 걸 사러 간다는 편안한 마음으로 집 밖을 나서라. 변화를 위해서는 뭐가 됐든 재료가 있어야 한다. 처음에는 라면 하나 끓이는 것부터 시작해 보는 거다.

나는 자기계발서를 읽는 행위는 저자가 그의 분야에서 성과를 어떤 방식으로 어떻게 만들어 냈는지를 들여다보는 것이라 생각한다. 요리에 비유하면 성과는 음식, 방식은 레시피, 만들어 낸 과정은 도구에 비유할 수 있다. 즉, 자기계발서는 누군가의 '인생 레시피북'인 셈이다. 이렇게 처음에는 기본기부터 키우면 된다. 응용은 그다음 문제다. 나와 분야가 겹치는 성공한 사람의 책을 보고, 그 사람이 알려준 내용을 그대로 따라 해 보는 것만으로도 성과는 나오기 마련이다.

다섯째, 일기를 쓴다.

일기를 쓴다는 것은 그날 하루에 대한 '성찰'과 '피드백'이고, 내일의 '다짐'과 '계획'을 한다는 말이다. 나에 대한 정확한 피드백을 날마다 하는 것이 중요하다. 이를 돕는 게 일기다. 일기로 인생을 바꾼 사람이 있는데, 앞쪽에서도 언급한 이순신으로 한국인 중에 그가 쓴 《난중일기》는 모르는 사람이 없다.

한편, 나는 평소 사극을 즐기는데, 2004년~2005년 KBS1에서 방영한 〈불멸의 이순신〉에서 이순신이 일기를 쓰며 독백하는 장면이 참 인상 깊었다. 내용은 이렇다. "내가 적을 이길 수 있는 조건들은 적에게 있을 것이고, 적이 나를 이길 수 있는 조건들 또한 나에게 있을 것이다. 그러므로 나는 때때로 적이 되어 본다. 적장의 눈과 심장으로 나의 함대를 본다. 적은 일자진을 깨기 위해 무서운 속도로 돌진할 것이다. 이제는 적이 모르는 내가 필요하다. 적이 일자진을 무력화시켰다고 여기는 순간 나의 함대를 비상하게 할 새로운 진형이 필요하다." 사실, 이순신이 매번 '일자진'을 펼치며 연전연승하자 왜적은 이순신의 전투 방식을 파악해 버렸다. 이에 따라 이순신에게는 새로운 진형이 필요했던 것이다. 그렇게 탄생한 게 한산대첩에서 보여준 '학익진'이다. 학익진은 늘 육지에서 활용했지만, 판옥선이 제자리에서 선회가 가능한 바닥이 평평한 평저선이라는 점에서 착안해 낸 창의적인 진형이었다. 이런 아이디어가 어디에서 나왔을까? 실제 《난중일기》 원본에는 개인적인 일상부터 날씨, 그날그날의 상황, 전쟁 직전의 준비 현황, 전쟁 후의 정황 등이 기록되어 있는데, 이렇게 하루를 돌아보며 현실을 객관적으로 바라보고, 전투를 준비할 때뿐만 아니라 전투에서 승리한 후에도 다음을 준비하며 기록으로 남겼으니, 그 습관이 차곡차곡 쌓여 불패 신화를 만들었다고 볼 수 있다.

나 역시 일기를 쓰고, 기록을 남기면서 인생의 많은 부분이 바뀌었다. 설명을 곁들이자면, 나는 크리스천으로서 신앙일기를 지난 7년간 꼬박꼬박 작성했다. 하루하루 나를 돌아보며, 결단하고, 피드백하고, 성찰한 내용을 파일로 정리해 잘 보관해 두었더니, 2022년에 좋은 기회가 닿아 《하나님, 저 잘 살고 있나요?》라는 제목으로 출간할 수 있었다. 게다가 교보문고와 예스24에서 종교 분야 베스트셀러 1위까지 하는 영광을 누렸다. 이어서 나온 《하나님, 오늘 만나주세요!》도 출간 즉시 1위를 달성했고, 캘린더와 함께 침체된 신앙도서 분야에서 5만 부 이상 판매되며, 많은 사랑을 받았다. 더불어 크리스천 유명 언론사에서 '올해의 책'으로 지정하기도 했다. 그 인기는 현재 진행형인데, 가장 감사한 부분은 그 책으로 인해 많은 사람이 위로와 용기를 얻고, 매일 아침 그들로부터 인생이 변화했다는 감사 메시지를 받는다는 점이다. 한마디로 일기가 내 인생도, 다른 사람의 인생도 바꾼 것이다.

| 반드시 해낼 거라는 믿음을 주는 질문 |

좋은 습관이 삶의 무기가 되어준다는 건 모두가 아는 사실이다. 하지만 무언가를 꾸준히 이어간다는 건 말처럼 쉽지 않다. 만일 무기가 되는 습관을 정착시키고 싶다면 아래 질문에 답하고, 점검한 다음 실행으로 옮겨 봐라.

<평생 무기가 되는 습관을 만드는 3가지 질문>

질문 1

'실천-휴식-피드백-동기 부여' 사이클을 적절하게 반복하고 있는가?

_____

_____

질문 2

지속적으로 성장하기 위해 나를 채우는 시간을 갖고 있는가?

_____

_____

질문 3

평소 기록을 남기는 습관이 있는가?

기록을 남길 공간과 도구는 있는가?

_____

_____

시도하는 것만으로도 큰 차이를 만드는 일

성공한 사람들과 대화하며 발견한 재미난 사실이 있다. 나에게 가장 많은 도움을 받은 사람들이 오히려 감사할 줄 모르거나 인색하다는 점이다. 반대로 전혀 생각지 못한 곳에서 뜻밖의 연락에 감동한다. 신기하지 않은가?

한번은 내 생일에 한 고등학생이 에너지 드링크 한 병과 함께 이런 메시지를 보내왔다. "제가 항상 받기만 한 거 같아서 죄송한 마음이에요. 저도 작가님께 뭔가 드리고 싶은데 아직 제가 학생이라 이런 거밖에 못해드려 너무 미안해요. 제가 취업하고 어른 되면 꼭 맛있는 거 사드리고 싶어요!" 눈물이 핑 돌았다. 나를 생각해 주는 진심이 최고의 선물로 다가온 덕분이다. 또 말 한마디의 힘을 느꼈다. 이와 반대로 정작 가장 많은 도움을 받은 사람은 감감무소식이다가 자기가 필요할 때만 연락한다.

결국 '마음 문제'다. 물론 사는 게 바빠서 잊을 수 있다. 그런데 누구나 바쁘다. 사는 게 힘들어 놓칠 수 있다. 그런데 누구나 힘들다. 그 와중에 누군가는

'해야지.'만 하다가 안 하고, 누군가는 행동으로 옮긴다. 딱 그 차이다. 하고자 한다면 얼마든지 길은 있고, 방법은 있다. 개인마다 방식의 차이도 있다. 누구는 소극적으로 감사하고, 누구는 적극적으로 감사한다. 그런데 그것이 어마어마한 차이를 만들어 낸다.

참고로 나는 멘토와 오랜만에 통화할 때는 꼭 그의 가르침을 받아 성장한 스토리를 전한다. 그리고 마음을 표현할 작은 선물을 보낸다. 그랬더니 전혀 생각하지도 못한 많은 기회가 생겼다. 가령, 장소 섭외, 새로운 사람과의 연결, 큰 비용을 지불해야 할 일을 무료로 이용할 수 있게 되는 등 내게 오랫동안 골칫거리였던 문제, 혼자서 고민했던 문제가 너무도 쉽게 해결됐다. 더불어 앞으로 나아갈 방향에 대한 필요한 조언을 듣기도 했다. 더 나아가 멘토들의 비즈니스에 내가 도울 수 있는 것이 무엇인지도 봤고, 마음으로 하는 응원뿐만 아니라 구체적으로 서로를 도울 수 있는 현실적인 고민도 하게 됐다. 단지 감사 연락을 했을 뿐인데, 기회는 덤으로 메아리처럼 따라왔다. 그러니 감사한 마음을 가슴속에만 품고 있지 말고, 말로 표현해라. 표현하는 사람만 기억에 남는다. 표현하지 않으면 잊힌다. 이게 무서운 일이고, 격차를 크게 벌려놓는다.

사실, '감사'하는 자체도 너무 중요한 자세이지만 '표현'에 더 중심을 두고 이야기를 마저 이어 나가고 싶다. 사람들은 보통 자신의 삶에 닥친 문제를 해결할 때, 자기 기억을 더듬는다. 그리고 기억에 남는 사람 중에서 본인의 문제와 관련한 해결책과 강점을 가진 사람을 찾는다. 이때 평소에 연락을 주고

받는 사이이고, 무슨 일을 하는 사람인지 알고, 좋은 기억을 품고 있다면, 분명 그에게 도움을 요청한다. 이 관점에서 바라보면, 내가 표현하지 않으면 도통 나를 떠올릴 일이 없다. 이는 수많은 광고 전문가가 고객들의 기억 속에 브랜드의 긍정적 이미지를 심으려고 하는 노력과도 같다. 그 이미지가 매출과도 이어지니까. 이는 개인도 마찬가지다. 사람들의 기억 속에 긍정적 이미지를 준 사람에게 계속 기회가 생긴다. 그러므로 긍정적 이미지로 남기 위해서는 표현하고, 소통해야 한다. 표현하지 않는 사람은 잊히고, 잊힌 사람에게는 아무런 기회도 돌아가지 않는다.

한편, 나는 평소에 사람들에게 안부 연락을 하곤 한다. 그럼 대부분 반갑게 인사하며 "무슨 일이에요?"가 첫 마디다. 그럼 나는 "그냥 문득 생각나서요." 라고 한다. 진짜로 문득 생각나서 했으니까. 그런데 그 사소한 한마디가 상대방에게 감동이 됐음을 피부로 느꼈다. 문득 생각나서 한 전화 한 통으로 매출이 오르고, 기회를 얻었으니 말이다.

이동 중이나 자투리 시간을 그냥 흘려보내기보단
떠오르는 한두 사람에게 전화하는 습관을 가져라.
그리고 "무슨 일이에요?"라고 하는 상대에게
"문득 생각나서요."라고 해봐라.

| 반드시 해낼 거라는 믿음을 주는 질문 |

모든 기회는 사람을 통해 오는 법이다. 앞의 이야기를 읽고, 아래 질문에 답했다면, 당장 실행으로 옮겨라. 그것이 당신에게 생각지도 못한 선물을 가져다주는 계기가 될 것이다.

<사소한 습관으로 사람과 기회를 얻는 2가지 질문>

질문 1

평소 고마운 사람이 있는가?

지금 바로 감사 메시지 또는 작은 선물을 보내라.

_____

_____

질문 2

지금 바로 떠오른 사람이 있는가?

지금 바로 "문득 생각나서"라며 전화해라.

_____

_____

뛰어난 성과를 내는 방법 4가지

현대 경영학의 아버지 피터 드러커는 성과를 올리는 방법은 습득할 수 있고, 습득해야 한다고 했다. 그래서 그는 "하던 대로 일하지 말라."고 목소리 높였다. 또한 지속적으로 성과를 내는 사람과 그렇지 못한 사람의 차이는 특별한 재능이나 배경에서 오는 것이 아니라 몇 가지 기초적인 자세에서 비롯한다고 했다. 이 4가지를 따라서 실행하면, 누구나 성과를 올릴 수 있다.

첫째, 공헌을 생각해라.

다시 말해, 내가 꼭 완수해야 할 공헌을 생각하면 해야 할 일이 보인다. 내가 독서 모임을 운영했을 당시를 예로 들자면, 나는 사전에 나만의 노트를 만들었다. 그리고 거기에 다음 페이지의 표처럼 내가 완수해야 할 공헌이 무엇인지, 가장 중요한 일이 무엇인지를 스스로 질문하고 답하면서 기록해 나갔다. 그랬더니 내가 준비해야 할 부분과 어떤 역량을 개발시킬 것인지가 명확해졌다.

〈전대진의 독서 모임 운영 방향〉

고객의 결핍	내가 완수해야 할 공헌
"책을 읽어야 하는 건 아는데, 막상 읽으려니 시작이 어려워요." → 시작의 어려움 "책을 읽는 게 아직 습관이 안 돼서 책만 사다 놓고, 결국 안 읽게 되요." → 실행의 어려움 "세상에 책이 워낙 많으니까, 무슨 책부터 읽어야 할지 모르겠어요." → 선택의 어려움	1. 시작을 돕는다. 　책 읽기가 '부담'이 아니라 '재미'를 느끼도록 돕는다. 2. 실행을 돕는다. 　내가 먼저 실행하고, 직접 보여주고, 동기를 부여한다. 3. 선택을 돕는다. 　인생의 자산이 될 만한 좋은 책을 지정하고 소개한다.
	내가 실행으로 옮긴 일
	좋은 책 선정 3가지 기준 & 공헌한 일 1. 책이 얇거나 읽기 쉬워야 한다. 　- 지정도서 목록 제공하기 　- 도서별 요약 자료 제공하기 2. 삶에 적용하기 쉬워야 한다. 　- 적용을 돕는 질문지 제공하기 　- 삶에 적용한 것을 강의하기 3. 교훈과 울림을 줘야한다. 　- 소그룹 나눔 가이드 제공하기 　- 각자 생각을 나눌 수 있는 시간 갖기

둘째, 중요한 일에 집중하라.

일을 할 때는 가장 먼저 "내가 이 일에서 성과를 내려면 무엇을 해야 할까?"라는 질문을 던져보자. 어떤 일이든 잘 해내려면 적합한 방식이 무엇인지 알아야 한다. 그러한 관점에서 이 물음은 주어진 일 혹은 과제에 집중하도록 돕고, 핵심과 본질을 파악하게 해준다. 이로써 원하는 목표를 달성하게 해준다.

셋째, 시각을 높여 탁월성을 추구해라.

여기서 '시각을 높이라.'는 건 가치와 기준을 의미한다. 세상과 인간을 위한 높은 시각이 없으면 비약할 수 없다. 반드시 욕심의 덫에 빠지게 된다. 피터 드러커의 말대로 우리 주변을 보면 '시각을 낮춘' 사람들이 화제의 중심에 있다가 얼마 안 가서 논란의 중심이 되어 한순간에 나락으로 떨어지는 모습을 보게 된다. 욕심의 덫에 빠지고 만 것이다.

한편, 여기에 디자인으로 애플을 이긴 한국인 디자이너가 있다. 《나는 3D다》의 저자 카이스트 배상민 교수의 이야기다. 그는 27세에 동양인 최초로 파슨스 디자인 스쿨의 교수가 되고, 세계적인 디자인 회사에서 활동하며, 수많은 유명 기업의 러브콜을 받는다. 하지만 그의 디자인 인생에 반전이 일어나는 계기가 생겼다. 90:10, 전 세계 10%만이 하루에 우리 돈 만 원을 쓸 수 있다. 하지만 나머지 90%는 하루에 만 원을 쓸 수 없다. 80%의 사람이 하루 2,000원밖에 소비하지 못한다. 그런데 이 세상의 99.9%의 디자이너는 상위 10%를 위한 디자인을 한다. 그는 자신이 디자인하는 제품이 상위 10%만을 위한 '아름다운 쓰레기'를 만드는 소비 중심의 문화라는 데 문제의식을 느꼈다. 그 후로 돌연 입국해 카이스트 산업디자인학과에 들어갔다. 그리고 3D_{Dream, Design, Donate}를 자신의 디자인 철학으로 규정하며, 학생들과 함께 '나눔 프로젝트'를 시작했다. 이런 배 교수가 한 인터뷰에서 이렇게 말했다. "뉴욕에서 제일 잘나가던 디자인 회사에서 최정상 멤버들과 함께 일할 때는 디자인상을 딱 두 번 받았어요. 그런데 한국의 조그만 도시에 와서 아직 프로가 아닌 학생들과 함께한 6년 동안 놀라운 일이 일어났습니다. 나눔 프로젝트를 통해 세계 4대 디자인 어워드에서 41개의 상을 받았거든요."

과연 무엇이 이런 결과를 낳은 것일까? 바로 시각을 높인 일이다. 배상민 교수는 90%를 위한 디자인을 하겠다며, 디자인 본질에 집중했다. 많은 사람이 디자인의 정의를 '아름답게 만들고, 예쁘게 만드는 것'이라 생각하지만, 사실 디자인의 본래 정의는 '문제를 찾아내고, 혁신적이고 창의적으로 문제를 해결하는 것Problem Finding, Problem Solving, and Creativity.'이라고 한다. 아무튼 이렇게 시각을 높이고, 탁월함을 추구하면 놀라운 일이 일어난다.

넷째, 진지함을 가져라.

피터 드러커는 자기 인생과 자기가 하는 일에 진지하지 않은 사람은 절대로 성과를 낼 수 없다고 했다. 이것은 그가 입이 닳도록 강조하는 중요한 자질이다.

| 반드시 해낼 거라는 믿음을 주는 질문 |

자신의 분야에서 성과를 내고 싶지 않은 사람은 없을 것이다. 아래는 어떤 일을 하든지 성과를 내도록 해주는 질문이니, 잘 정리하여 당신이 나아갈 방향 설정에 도움이 되길 바란다.

<뛰어난 성과로 이끄는 4가지 질문>

질문 1

일이 바뀌었는데도 과거의 방식에만 매달려 있지 않은가?

_____

_____

질문 2

자신의 강점을 알고 있는가?

그 강점을 활용해서 일하는가?

_____

_____

질문 3

무엇에 집중하고 있는가?

중요한 일에 집중하고 있는가?

_____

_____

질문 4

당신은 어떤 일에 공헌하는 사람이고 싶은가?

_____

_____

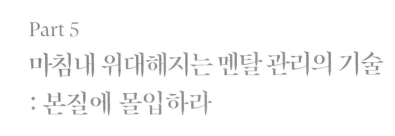

Part 5

마침내 위대해지는 멘탈 관리의 기술
: 본질에 몰입하라

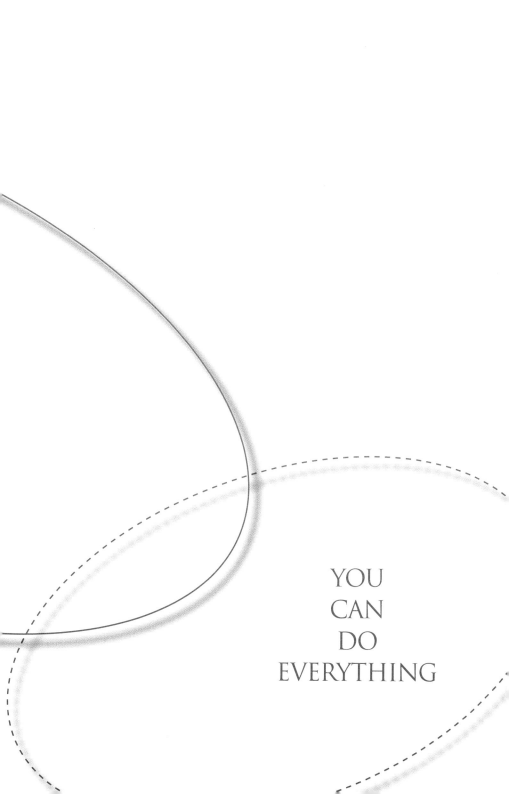

YOU
CAN
DO
EVERYTHING

우주에서 제일 무거운 물건을 들어 올리는 법

한 유명 강사가 말하길 "우주에서 제일 무거운 게 내 엉덩이다."라고 했다. 그의 표현대로 많은 사람이 말로는 변화를 원한다고 하지만, 행동은 지지부진할 때가 많다. 한마디로 내 몸을 움직여 집 밖으로 나서는 과정이 좀처럼 쉽지 않다.

한편, 고대 수학자 아르키메데스는 "나에게 아주 긴 지렛대와 이를 지탱할 받침대만 준다면 지구라도 들어 올려 보이겠다."고 했다. 그리고 미국에서 가장 영향력 있는 파워 블로거인 마크 맨슨의 《신경 끄기의 기술》은 출간 즉시 1위에 오른 것은 물론, 2017년 아마존에서 가장 많이 읽은 책이자 150만 부 이상 판매됐는데, 이 책에서는 우리 삶의 방향에 결정적인 영향을 미치지만, 대부분 잘하지 않는 질문 2개를 던진다. "당신은 어떤 고통을 원하는가?", "무엇을 위해 기꺼이 투쟁할 수 있는가?"가 그것이다.

사실 소소한 행복이든, 엄청난 성공이든, 우리가 얻고자 하는 무엇이든, 그것을 간절히 원하는 이유는 그것이 아직 이루어지지 않았기 때문이고, 단발성의 성취로 끝나지 않아서다. 결국 모든 성취에는 투쟁이 따르고, 행복이든, 성공이든, 그 목적을 향해 가는 길은 결코 꽃길이 아니라 똥 덩어리와 치욕으로 널려있다. 심지어 행복은 투쟁을 먹고 자라고, 세상에 저절로 되는 건 하나도 없다는 말까지 나온다.

여기서 아르키메데스의 지렛대와 마크 맨슨의 이야기를 조합하면, 변화를 주저하는 무거운 엉덩이를 들어 올리는 지렛대는 '목표'이고, 받침대는 '고통'이다. 이 점을 인지하고 아래 문장을 읽어보자.

> "나에게 이 일을 위해서라면 기꺼이 투쟁할 수 있는 목표와 이 일을 하지 않았을 때 하게 될 원치 않는 최악의 고통을 알려준다면 그 어떤 일도 도전해 보이겠다."

읽었다면 잠시 생각해 보자. 당신이 이 세상을 살면서 기꺼이 감수할 수 있는 고통은 무엇인가? 고통스럽지만 '그럼에도 불구하고' 당신이 계속 하고 싶은 일은 무엇인가? 바로 거기에 성공도 있고, 열정도 있고, 행복도 있다. 다시 말해, 당신이 '무엇을 위해 투쟁하느냐'가 당신의 존재를 규정한다는 뜻이다.

참고로 나는 '선한 사람들이 가난하게 살고 이용당하는 현실'이 나를 분노케 했다. 평소 이웃에게 베풀고, 아낌없이 주는 사람들이 개인을 위해서도, 다른 사람들과 이 세상을 위해서도 더 잘돼야 한다고 생각했다. 하지만 실상은 그런 선한 마음을 가진 사람들이 호구로 전락하고 있었다. 그 당사자가 바로 나였다. 그래서 아낌없이 베푸는 기버가 성공하는 세상을 위해 투쟁하기로 결단했다. 그 과정에서 성공 피라미드의 최상단에는 기버들이 있다는 걸 발견하고, 호구로 전락한 실패한 기버들이 세상에 이용당하지 않고, 지혜롭게 인생을 살도록 조언하고, 그들의 성장을 돕기로 했다. 이를 위해서라면 기꺼이 고통을 감수했다. 나에게 당장 수익이 생기지 않고, 내 시간과 체력이 소진될지라도 말이다.

그런데 신기하게도 고통은 겪으면 겪을수록 나를 더 단단하게 했고, 좋은 평판이 쌓였다. 또 기버 성향을 가진 사람들과 네트워크를 이루면서 서로 기회를 공유하게 됐다. 동시에 성공의 최상위에 있는 성공한 기버들을 멘토로 삼아 지속해서 만나면서 영향을 받으며 성장해 나갔다. 이로써 자연스럽게 세상은 나에게 "성공한 기버"라고 부르기 시작했다. 나는 여기서 멈추지 않고, 세계적인 베스트셀러 《The Go-Giver》의 공동 저자 밥 버그에게 내 삶에 일어난 변화를 정리해서 메시지를 보내기도 했다. 그랬더니 밥은 나에게 아낌없는 격려와 환호와 함께 다음과 같은 답장을 보냈다. "당신은 진정으로 영감을 주는 사람이고, 나는 당신이 많은 사람에게 엄청난 영감을 주리라는 걸 알고 있습니다. 그리고 이미 영감을 주고 있습니다!" 이런 그와의 대화를 마무리하면서 나는 메시지 끝자락에 이렇게 썼다. 'From South Korea's Giver Daejin'

가난을 극복하는 가장 빠른 방법

자수성가한 사람들에게 "만약 0에서 다시 시작한다면 무엇부터 시작하겠느냐?"고 물으면 동일하게 하는 말이 있다. 바로 "배움에 투자한다."는 거다. 이를 통해 배움은 성장의 씨앗임을 알 수 있다. 여기서 핵심은 성공이 아니라 성장에 맞춰져 있다는 점이다. 성공을 생각하면 크게 이뤄야 할 거 같아서 지금 당장 뭘 해야 할지 감도 안 잡히지만, 성장은 작은 부분부터 시작할 수 있으니까.

가난도 극복하려면 성공이 아니라 성장을 목표로 달리면 된다. 성공은 너무 멀게만 느껴진다. 그 이유가 있다. 성공은 미래의 영역이고, 성장은 현재의 영역이기 때문이다. 그러므로 성장을 위해서는 바로 눈앞에 있는 문제를 해결하는 법을 배우면 된다. 그래서 성공을 보려면 타임머신이 필요하고, 성장을 보려면 계획표와 체크리스트를 보면 된다. 그리고 이를 활용해 '실'질적인 문제를 해결하는 능'력'을 키워라.

우리가 살면서 겪는 대부분의 문제는 동서고금을 막론하고 수많은 사람이 겪어온 문제다. 따라서 이를 해결하는 법은 이미 많이 공개돼 있다. 그러니 포털 사이트에서 검색하고, 유튜브 영상을 찾아보고, 관련 책을 찾아보는 등 조금만 관심을 기울이면 된다. 그럼 나보다 앞서 그 문제를 겪고, 해결한 최고의 전문가와 지혜로운 사람들이 제공한 정보가 많다는 걸 발견할 수 있다.

한편, 밥 버그의 《SUCCESS FORMULA》에서는 시대를 초월한 성공 3대 원칙으로, "정보를 구하라.", "곧바로 활용하라.", "끈기 있게 실행하라."를 들고 있다. 성공하려면 누군가의 문제를 해결해 줄 능력이 있어야 하는 건 당연하다. 또 큰 성공을 얻고 싶다면 큰 문제를 해결할 능력이 '준비'돼 있고, 그 능력을 발휘할 '기회'를 만나면 된다. 이를 위해서는 지속해서 문제 해결 능력과 네트워크의 수준을 키워야 한다. 그 와중에 큰 대가를 줄 수 있는 위치의 인물이 그가 겪고 있는 문제 해결을 위해 '이 사람에게 맡기면 되겠다!'는 인식을 심어주면 그 기회가 주어진다.

가난을 극복하고, 성공하고 싶다면, 먼저 당신이 나아가고자 하는 목표와 관련된 필요한 정보를 최대한 모으고 수집해라. 그리고 그 정보를 곧바로 활용해라. 이렇게 제1원칙과 제2원칙을 실천하다보면 반드시 장애물을 만나거나 넘어지게 돼있다. 인생이 우리 뜻대로만 흘러가지 않을 때가 많기 때문이다. 이때 필요한 것이 제3원칙, 끈기 있는 실행이다. 끈기를 갖기 위해서는 남의 목표가 아니라 나의 목표가 있어야 한다. 더불어 그 목표를 이루기까지 선택의 기준이 되는 나만의 원칙이 있어야 하고, 지속적으로 목표를 체크할 수 있고, 성과를 측정할 수 있도록 숫자로 표현할 수 있어야 한다. 이를 한번에 기록할 수 있는 효과적인 방법이 '체크리스트'였다. 아래는 내가 늘 휴대하는 바인더에 비치해둔 체크리스트다.

「거인의 습관」 체크리스트

잠언 22:29 네가 자기의 일에 능숙한 사람을 보았느냐 이러한 사람은 왕 앞에 설 것이요 천한 자 앞에 서지 아니하리라

순서		내용	1	2	3	4	5	6	7	8	9	10	11	12	13	14	15
학습 - 인풋	1	30분 이상 운동하기															
	2	30분 독서하기															
	3	성공 강의 듣기 (마인드)															
	4	성공 강의 듣기 (전문성)															
행동 - 아웃풋	5	바인더 사용하기															
	6	콘텐츠 제작 +업로드(글쓰기)															
	7	고객관리 (가치 창조)															
피드백 - 원더풀	8	일기 쓰기															
	9	전화하기 (하루 1명 이상)															
	10	무료 코칭 (하루 1명 이상)															

좋은 습관을 지속하는 방법 3가지

좋은 습관을 유지하고 지속하는 법은 3가지다. 첫째, 상이 분명해야 한다. 둘째, 벌이 분명해야 한다. 셋째, 시스템이 있어야 한다. 이때 상은 '나에게 최고의 기쁨을 안겨주고, 그 자체로 나를 흥분시키는 것'이어야 한다. 벌은 '나에게 최악의 절망을 안겨주고, 그 자체로 나를 분노시키는 것'이어야 한다. 시스템은 '성공에 이르는 방법을 알려주고, 지도해 주는 전문가'가 있어야 한다. 이는 같은 목표를 가진 사람들과 함께 네트워크를 형성하기에도 좋은 방법이다.

한편, 나는 몇 년 전, 바디 프로필을 찍으려고 다이어트를 했다. 그 계기가 된 2가지 사건이 있었다. 첫 충격은 꿈에 그리던 무대에 초대받아 강연을 한 날이었다. 강연을 마치고 대구로 돌아오는 KTX 열차 안에서 메시지 한 통을 받았다. 조금 전 특강을 주최한 대표와 함께 찍은 사진이었다. 그런데 웬 돼지 같은 한 남자가 서 있는 게 아닌가. '이게 나라고?' 하며 대전에서 대구로 도착할 때까지 넋 놓고 봤다. 내 실태를 알고 화가 난 나는 곧바로 PT를 등록했다. 체계적인 시스템에 따라 운동하고, 식단을 조절하며, 몇 달간 10kg을 감량했다. 그런데 열정이 조금 느슨해지려 할 때 신기하게도 꿈꾸던 이상형을 만났다. 첫눈에 반했다. 이건 이전에 받았던 것과는 전혀 다른 종류의 충격이었다. 그 후로는 아무리 높은 강도로 운동해도 지치지 않았다. 평소 같으면 PT 수업 마칠 때가 되면 기진맥진하는데, 오히려 싱글벙글 웃고, 텐션이 더 올라갔다. 심지어 트레이너가 웃으며 "회원님, 혹시 약한 건 아니죠?"라고 묻기도 했다. 그 정도로 사랑의 힘을 몸소 체험한 셈이다. 결과적으로 그녀와의 사랑이 이루어지지는 않았지만 충분한 변화의 계기가 됐다.

특히 이때 직접 마주 보며 대화하니 생생하게 상상이 됐다. 눈을 감아도 그녀가 아른아른했고, 눈부시게 아름다운 그녀에게 어울리는 남자가 되고 싶었다. 무엇보다 나의 자존감을 높이고 싶었다. 이처럼 천국과 지옥을 동시에 경험한 사건은 변화를 지속하는 동력이 됐다. 상과 벌이 생생하고, 분명해진 덕분이다. 이에 나는 휴대폰 배경화면에 '평생 어떤 모습으로 살 것인가?'란 문구를 쓰고, 그 아래에 살찐 현재의 내 모습과 되고 싶은 멋진 몸매에 내 얼굴 사진을 오려 붙이고는 매일 봤다. 결국 나는 그해에 바디 프로필 촬영이라는 목표를 달성했다. 다음 장에 첨부한 사진이 바디 프로필을 촬영하기 전과 후의 모습이다.

이는 "부자가 되려면 부자를 만나라.", "왕관을 쓰려는 자, 그 무게를 견뎌라."라는 말과 같은 원리다. 평생을 함께할 배우자로 아무나 선택할 순 없다.

그렇다면 내가 만나고 싶은 사람의 라이프 스타일, 지적 수준, 외적 수준, 성향 등을 가진 사람을 만날 확률을 높여야 한다. 가장 확실한 방법은 '내가 그런 사람이 되는 것'이다. 눈만 높고, 바라기만 하면, 도둑놈 심보이지만, 목표에 걸맞게 기꺼이 노력하면 멋진 자세다. 그리고 이 사건을 통해 아래와 같은 교훈을 얻었다.

첫째, 사람은 결국 끼리끼리 논다.

둘째, 성공하려면 자기 객관화가 우선이다.

셋째, 원하는 게 있다면 그것에 어울리는 사람이 돼라.

넷째, 다양한 방식으로 열정을 지속하는 법을 배워라.

다섯째, 내가 바뀌면 세상이 바뀐다.

반드시 해낼 거라는 믿음

의욕과 열정을 회복하는 방법 3가지

사람이 항상 뜨거울 순 없다. 살다 보면 한때 펄펄 끓던 의욕이 식고, 사라질 때가 있다. 문제는 의욕이 없어도 주어진 일을 해야만 할 때이다. 그런데 억지로 몸을 움직여서 하면 할수록 '하기 싫다.'는 생각이 든다. 이런 마음으로 하니, 일이 손에 잡히지 않는다. 그럼 결과에도 영향을 준다. 가뜩이나 과정에서도 힘들었는데 성과까지 좋지 않으면 더 하기 싫어진다. 악순환에 빠진 것이다. 속히 악순환을 끊어야 한다. 다시 의욕을 회복시키기 위해서는 근본적으로 왜 의욕을 잃었는지 원인을 파악해야 한다. 그래야 해결 방법을 알 수 있다. 지금 여기, 잃어버린 의욕과 열정을 회복하게 해줄 3가지의 방법이 있다.

첫째, 나만의 재미를 찾아 스트레스를 해소해라.

최근 스트레스를 많이 받았는가? 정신적 · 육체적 스트레스를 많이 받을수록 스트레스 호르몬인 코르티솔 분비량이 많아진다. 그럼 감정 기복이 심해지고, 사소한 일에도 신경이 예민해진다. 예민해지면 주변 사람과의 관계에도 영향을 미친다. 이럴 때는 반드시 스트레스를 해소해야 한다. 스트레스를 해소하는 근본적인 방법은 나만의 '재미'를 찾는 것이다. 캐서린 프라이스는 《파워 오브 펀》에서 재미의 3요소로 장난기, 유대감, 몰입을 언급했다. 그녀의 설명에 의하면 '장난기'는 '어떤 행동을 하면서 그 결과에 크게 신경 쓰지 않고 가벼운 마음을 갖는 것', '유대감'은 '다른 사람 또는 다른 무언가와 감정과 경험을 공유하며 친밀감을 느끼는 것', '몰입'은 '시간 가는 줄 모르고 현재의 순간에 완전히 빠져들어 몰두하는 것재미의 본질'을 뜻한다. 이 3가지 요소와 아래의 솔루션을 참고해 나만의 재미를 느끼는 포인트를 찾아라.

솔루션 ①
흥미 있는 환경에 가서 새로운 활동하기, 재미있는 사람들 만나기

솔루션 ②
감정과 경험을 공유하고, 내 이야기를 진솔하게 털어놓는 시간 갖기

솔루션 ③
시간 가는 줄 모르고 몰두하게 만드는 일을 찾아 그 일을 하기

둘째, 나만의 휴식법을 찾아 원기를 회복해라.

스트레스 해소에 가장 좋은 방법은 당연 '휴식'이다. 그러므로 나에게 가장 최적화된 휴식 방법을 3가지 이상 알아두면 도움이 된다. 클라우디아 해먼드는 자신의 저서 《잘 쉬는 기술》에 어떻게 쉬어야 할지 모르는 사람들을 위해 최고의 휴식법 10가지를 공개해 두었다. 그 10가지를 자신에게 직접 적용해

본 후, 본인에게 가장 효과적인 휴식법을 활용해라.

<최고의 휴식법 TOP 10>

1위 책을 읽는 시간

2위 자연에서 얻는 회복력

3위 혼자 있는 시간의 힘

4위 음악을 듣는 기쁨

5위 아무것도 안 하기

6위 산책의 확실한 보상

7위 목욕이라는 따뜻한 쉼

8위 잡념의 놀라운 능력

9위 텔레비전은 휴식 상자

10위 나를 돌보는 명상

출처: 클라우디아 해먼드, 《잘 쉬는 기술》

셋째, 비전을 발견하고 비전에 연결된 행동을 해라.

비전의 부재가 의욕의 부재를 낳는다는 것을 기억해라. 오해하지 말아야 할 부분은 비전이 없어도 성공은 얼마든지 할 수 있다는 것이다. 그러나 《돈의 본능》을 쓴 심리학자 토니 로빈스는 한 인터뷰에서 이렇게 말했다. "당신이 성공했는데도 행복하지 않다면 인생 망한 거다. 내면의 충만한 성취감이 없는 성공은 궁극적인 실패이다." 이는 모두가 우러러볼 만한 성공을 이룬 사람이 어느 날 갑자기 극단적인 선택을 했다는 뉴스를 접하게 되는 것과 마찬가지다. 그들은 만인이 부러워할 만큼 성공했음에도 왜 삶을 포기할까? 여러 이유가 있겠지만, 근본적으로는 그들이 눈에 띄는 목표를 이루었을지 몰라도 평생을 좇아갈 비전이 없었기 때문이다.

한편, 1인 기업가를 교육하는 김형환 교수는 비전에 대해 "나를 움직이는 가시화된 감성적 미래 동력"이라 정의하며, 4가지의 성격을 지니고 있다고 한다. "비전은 나를 움직이게 만들 수 있어야 한다.", "비전은 보이지 않지만 가시화 돼 있어야 한다.", "비전은 생각하는 것만으로 가슴을 뛰게 한다.", "비전은 내가 바라던 미래를 현실로 만든다."가 그것이다. 즉, 비전은 시작점에 있으면서 최종 목표인 목적지를 볼 수 있는 능력이다. 내 인생의 큰 그림이자 어떤 가치를 추구할 것인지에 대한 방향성이다. 이런 비전을 아주 잘게 자르면 목표_goal가 되고, 우리가 흔히 알고 있는 버킷리스트는 목표의 조각 모음이다. 따라서 비전에 연결된 목표를 추구하고, 노력을 기울일 때, 열정이 만들어진다. 달리 말해, 비전과 관계없거나 비전에 연결시키지 못한 목표들은 일회성이 되거나 이루어도 공허함을 느끼기 쉽다. 중요한 건, 목표의 숫자나 규모가 아니라 '비전과의 연결성'임을 기억하자.

어떤 의사가 명의_名醫일까? 정확한 진단을 내리고, 올바른 처방을 주는 의사다. 겉으로 드러난 증상보다는 드러나지 않은 병의 뿌리를 발견하고, 근본적인 처방을 내리는 그런 의사 말이다. 이런 관점에서 우리의 인생에 겉으로 드러난 수백 가지의 문제를 해결하는 단 하나의 뿌리는 '비전'이다. 잃어버린 의

욕과 열정을 회복하는 것, 나아가 이를 지속시키는 근본적인 방법이 나만의
비전을 발견하고 비전대로 사는 것이다.

나는 수백 명의 사람이 자기만의 비전을 발견하고, 이루도록 도왔다. 사람
들은 내게 마주한 문제 때문에 힘들다며 찾아오지만, 사실 근본적인 문제는
비전의 부재였다. 이에 따라 문제에 대한 해결책도 제시하지만, 자기만의 비
전을 찾도록 도와줬다. 그러면 그다음 일은 그들이 알아서 하게 됐다. 이처럼
비전에 대한 확신이 생기면, 그 여정에서 무엇을 해야 할지, 무엇을 하지 말아
야 할지는 스스로 판단할 수 있게 된다. 그런 열정과 확신을 가진 사람에게는
수많은 기회가 주어진다. 비전대로 살면 공급이 따라오기 마련이니까.

자신과 인생과 일을 사랑하는 방법 3가지

세상에서 가장 행복한 사람은 어떤 사람일까? 개인적으로 나는 자기 자신과 자기 삶 그리고 본인이 하는 일을 사랑하는 사람이라고 생각한다. 그러나 주변을 돌아보면 하기 싫은 일을 마지못해 하면서 하루하루 힘겹게 살아가는 경우가 많다. 그로 인해 스스로를 돌보고, 사랑해 줄 에너지조차 없다. 하지만 다음 3가지에 대한 답을 찾으면 자신도, 인생도, 일도 사랑하는 일상을 보내리라 확신한다.

첫 번째 질문은 "어떤 사람으로 기억되고 싶은가?"이다.

솔직히 복잡하고, 변화무쌍한 세상에서 한 가지 일을 꾸준히 한다는 건 보통 인내가 필요한 게 아니다. 그래서 수많은 성공한 사람이 하는 "좋아하는 일을 해야 성공한다."는 말 안에는 '인내'가 숨어있다. 즉, '흥미'와 '재미'에 초점을 맞추고 있는 게 아니라 '무언가를 좋아하는 감정'이 핵심이다. 이것이 시간 가는 줄 모르고 '몰입'하게 하고, 몰입은 행동을 '지속'하게 만들며, 지속은 '습관'으로 자리 잡게 하고, 습관을 꾸준히 이어가면 '결과'를 내게 하니까. 따라서 "좋아하는 일을 하게 되면 몰입의 상태로 지속함으로써 습관을 만들어 결과까지 내게 하니 성공할 수밖에 없다."로 재해석할 수 있다. 그런데 문제는 많은 사람이 자신이 진정으로 원하는 게 무엇인지 모른다는 거다. 그럴 때는 이 2가지 물음이 도움 된다.

> ① 내 묘비명에 무엇을 남기고 싶은가?
> ② 내게 소중했던 사람들에게 어떤 사람으로 기억되길 원하는가?

두 번째 질문은 "어떤 신념을 지키고 나아갈 것인가?"이다.

어떤 이들이 존경받는가? 토니 로빈스의 《거인의 생각법》에 의하면 자신의 가치관이 확고한 사람이라고 말한다. 이들은 대개 자신이 중요하게 생각하는 신념을 세상에 분명히 밝히고, 자기 원칙과 기준을 고수하며, 이를 실천해 나간다. 설령 그들의 생각에 동의하지 않는다 해도 본인의 신념을 지켜나가는 사람들은 그 자체로 멋지다. 이처럼 신념과 행동이 일치하는 삶을 살아가는 사람에게는 특별한 힘이 있다. 그러니 신념과 행동의 일치를 목표로 삼아라. 당신이 당신만의 신념을 확고히 하고, 그 기준에 따른 삶을 살 때, 그 자체로 빛이 날 것이다. 물론 우리가 존경받기 위해 일하는 건 아니지만, 내 신념이 누군가의 존경과 변화로 돌아오면 인생의 밀도가 달라지는 건 확실하다. 만일 지금 이 글을 읽고 그렇게 살기로 다짐했다면, 다음 두 질문에 답해 보기를 추천한다.

세 번째 질문은 "무엇을 위해 용기를 발휘할 것인가?"이다.

대개 먼저 사랑을 주는 사람이 사랑을 받는 법이다. 그런데 이들이 상대방의 행복과 그들이 소중히 여기는 것을 지켜주기 위해 용기를 발휘했다는 걸 아는가? 브렌든 버처드의 《식스 해빗》에서도 동일하게 주장하는데, 사랑하면 용감해지듯, 사람은 자신의 이익만을 위해서가 아니라 더 높은 가치를 추구할 때 진정으로 큰 용기를 발휘하곤 한다. 높은 수준의 성공을 이루고, 사랑받는 사람들 역시 더 높은 차원의 목표를 추구했고, 그 과정에서 더욱 큰 용기를 발휘했다. 이제부터 주변에서 일어나는 현상에 관심을 가지며, 그들의 삶이 성장하고, 개선되고, 회복되는 일에 적극적으로 기여하고, 가치를 제공해라. 사랑하는 이들을 위해 용기를 발휘해라. 그러면 당신의 일상도 달라질 것이다. 아래 두 질문은 당신이 용기를 내도록 발판이 되어 줄 것이다.

평생 의미와 재미를 느끼며 성공하는 5단계

몇 년 사이에 자주 듣는 말 3가지가 있다. "회사와 직장은 내 미래를 보장해 주지 않는다.", "대한민국에서 일생에 한번 이상은 자기 사업을 해야 한다.", "재수 없으면 120세까지 살아야 할 수도 있다."가 그것이다. 꼭 이런 말이 아니더라도 결국 자기 일을 해야 하는 건 부정할 수 없는 사실이다.

한편, 오랜 세월 착실하게 근무하며 대기업 임원이 된 사람이 있었다. 그런데 그는 해외 출장에서 거래처와 계약을 잘 성사시키고, 귀국하는 공항 라운지에서 권고사직 연락을 받았다. 아마 꽤 큰 충격을 받았을 것이다. 하지만 언제 어디서든 할 수 있는 일이 준비된 상태였다면 어땠을까? 새로운 인생을 살 기회로 여기고, 평소 꿈꿨던 일을 실행에 옮길 계획에 설레었을 테다. 여기서 말하는 '준비된 상태'는 '본인이 그동안 쌓아온 경험과 지식을 정리하여 남에게 가르쳐주고, 조언할 수 있는 상태'를 의미한다. 그런데 이게 가능하려면 성장하는 과정에서 남긴 '기록물'이 있어야 한다.

당신이 현재 어떤 일을 하고 있든지 그 경험은 매우 소중한 자산이다. 그러므로 어느 날 갑자기 더는 지금 하는 일을 못 하게 되는 상황이 올 수 있다는 마음으로 기록을 남겨라. 조선 후기 최고의 실학자로 지금까지도 존경받는 인물인 다산 정약용도 "둔한 사람의 기록이 총명한 사람의 기억보다 낫다." 했을 만큼 기록이 가지는 힘은 어마어마하다. 그러니 부디 시간을 따로 떼어서라도 기록하고, 기록을 분류하고, 정리하는 시간을 가져라.

브렌든 버처드의 《백만장자 메신저》에서도 비슷한 표현이 나온다. 메신저는 자신이 가진 지식과 경험을 담은 메시지로 남을 도우며, 수익을 내는 사람들로, 저자는 메신저를 성과 기반, 연구 기반, 롤모델형 총 3가지 유형으로 구분해 두었다. 설명을 곁들이자면, 자기 분야에서 성과를 낸 사람은 성과 기반 메신저로서 이제 시작하는 사람들과 성장하려는 사람들을 도우면 되고, 관심 있는 분야의 정보를 수집하고, 성공한 사례를 연구한 내용을 바탕으로 사람들을 도우면 연구 기반 메신저가 되는 것이다. 자신의 삶 자체가 사람들에게 본보기가 되고, 동기를 불어넣어 준다면 롤모델형 메신저가 된다. 여기까지의 말을 종합해 보면, 누구든지 자의든 타의든 일생에 한번 이상은 메신저가 돼야 한다는 얘기다.

누누이 언급했듯 나는 사람들을 진정으로 돕고 싶었다. 그런데 내가 하는 일에 의미를 부여하고, 그 일을 하는 과정에서 진정한 재미까지 느끼게 되니, 성공은 메아리처럼 자연스레 따라왔다. 이로써 나는 '의미 있는 성공에 이르게 되는 5단계'를 터득했고, 이 책을 선택해 준 당신만을 위해 특별히 소개한다. 모쪼록 하나하나 의미를 되새기며 삶에 적용해 의미 있는 성공을 이루길 바란다.

첫째, 일의 의미와 행동의 일치를 목표로 삼아라.

당신이 만나는 사람들이 자신과 그의 인생과 주변 사람들을 더 사랑할 수 있도록 도와야 한다. 그러려면 본인이 하는 일을 사랑하는 사람이 되도록 끌어줘야 한다. 가장 좋은 방법은 당신이 먼저 자신이 하는 일에 흠뻑 사랑에 빠지고, 열정을 발휘하는 모습을 보여주면 된다. 삶이 최고의 영향력이다.

둘째, 목표를 추구하는 과정에서 경험한 사례와 스토리를 모아라.

사람과 사람이 만나면 대화가 있고, 대화를 기록하면 스크립트가 되고, 스크립트를 배우가 읽고, 촬영하면 작품이 된다. 여기서 '구슬이 서 말이라도 꿰어야 보배다.'란 속담이 떠오른다. 흔히 이를 구슬을 꿰지 않으면 의미가 없다는 식으로 해석하는데, 나는 다르게 본다. 내게는 무려 '서 말'이나 모았다는 게 더 중요하다. 한 말이 18L이니 서 말이면 54L이다. 2L짜리 페트병으로 27병이 나오는 어마어마한 양이다. 이렇게 구슬이 많으면 할 수 있는 일이 무궁무진하다. 하루하루 구슬 즉, 사례와 스토리를 모으면 뭐라도 만들어 낼 수 있다.

셋째, 에피소드에서 교훈_{본질}과 매뉴얼_{기술}을 끌어내라.

구슬을 어느 정도 모았다면 꿰는 작업을 하라는 의미다. 만일 방법을 모른다면 먼저 성공한 사람들의 시스템을 배우면 된다. 사람들의 마음에 울림을 주고, 즐겁게 해주고, 동기를 부여하며, 리더십을 발휘하는 'Soft Skill'과 사람들이 업무에 적용해서 성과를 내고, 그들의 삶을 편리하게 해주고, 필요한 상품과 서비스를 제공할 수 있는 'Hard Skill'. 이 두 가지를 지속해서 배우고, 함께 준비해라.

넷째, 사람들이 받아들이기 좋은 형식으로 공유해라.

내가 만든 구슬 팔찌와 목걸이가 어디 있는지를 알아야 사람들이 구경도할 수 있고, 가치를 느낀 사람들이 비용을 지불해서 구매할 수 있다. 이러한이유로 내가 가진 능력과 상품, 스토리가 세상에 알려질 수 있도록 온오프라인에 끊임없이 노출해라. 그것도 사람들이 접하기 쉽고, 간편하게 공유할 수있는 콘텐츠로. 그러다가 관심을 가진 사람들이 모이면, 그들과 직접 만나고,직접 체험할 수 있는 형태로 발전시켜라.

다섯째, 공유한 교훈으로 변화한 다른 사람들의 에피소드를 모아라.

앞서 말한 4가지를 당신이 실행한 상태에서 사람들과 만나면, 사람들은 반드시 각자의 문제와 사연을 안고 찾아올 것이다. 그때 그들의 문제를 해결해주거나 마음을 편안하게 해줘라. 또 그 결과 그들의 삶에 일어난 긍정적 변화와 회복한 사례가 있다면 이를 모아라. 그게 후기이고, 평판이다. 이 평판은당신이 더욱더 큰 영향력을 발휘하고, 더 많은 사람을 도우며, 성공할 수 있는기반이 된다. 그리고 이를 엮어서 또다시 새로운 콘텐츠로 제공한다면, 그게책이고, 강의고, 상품이다. 이는 말 그대로 인생의 선순환이다.

몰입을 돕는 2가지 법칙

많은 사람이 몰입하기 위해 갖은 노력을 한다. 하지만 몰입하는 데도 법칙이 있다. 여기 그 두 가지 내용을 공유한다.

첫째, 90:10의 법칙이다.

봅슬레이는 4명의 선수가 호흡을 맞춰서 순서대로 자연스럽게 올라타야 하는 스포츠다. 한번은 MBC 예능 프로그램 〈무한도전〉에서 봅슬레이 편을 촬영한 적이 있다. 당시 체감속도 200km/h 이상의 봅슬레이 영상을 본 출연자들은 빠른 속도에 압도됐다. 얼마 후, 이들의 훈련을 돕기 위해 전문 코치가 투입됐고, 이때 노홍철 씨가 "봅슬레이에 타고 있으면 무슨 생각 하세요?"라고 물었다. 그러자 그는 웃으며 "살 생각을 한다."고 답했다. 이에 출연자들이 당황하는 기색을 보이니, 그는 "과학적으로 만들어져서 걱정하지 않으셔도 됩니다. 가만히만 있으면 됩니다."라며 안심시켰다. 그러고는 자신의 위치에서 할 역할에만 집중하도록 도왔다. 그 결과, 프로그램명대로 무모한 도전으로 보였으나 결국 대회 골인 지점을 무사히 통과하며, 출연자 모두 감동의 눈물을 흘리며 마무리됐다. 여기서 얻을 수 있는 교훈은 '어디에 얼마만큼 집중하느냐?'이다.

우리는 살면서 분명 어딘가에 집중하게 된다. 성공한 사람들은 어떤 어려운 상황이 닥쳐도 자신의 중심을 잃지 않고, 자신이 할 일에 집중하고, 목표를 향해 묵묵히 나아가는 능력이 있다. 그게 가능한 비결은 본인의 역할에만 집중하는 데 있다. 그래야 목표한 바를 안전하게 이룰 수 있으니까. 봅슬레이로 치자면 빠른 속력과 충돌, 고속으로 인한 큰 소음 등 외부 환경에 흔들리면 두려움만 커질 뿐이다. 그러니 문제를 고민하는 일에 주어진 시간의 10%를 넘기지 마라. 대신 문제를 해결하는 일에 90%의 시간을 쏟아라.

둘째, 250의 법칙이다.

조 지라드는 기네스북에 12년 연속으로 오른 위대한 자동차 세일즈맨이다. 12년 동안 지라드가 판매한 자동차가 1만 3,000대에 달한다고 하니 가히 어마어마하다. 이런 그의 인생이 완전히 바뀌게 된 계기는 친구의 어머니 장례식장에서였다. 당시 카톨릭 장례식에서는 고인의 사진이 들어 있는 카드를 나눠주는 관습이 있었는데, 그는 250명의 조문객에게 카드를 나눠주는 것을 목격했다. 그 이후 다른 장례식장과 심지어 결혼식장에 참석한 조문객과 하객수도 250명 정도라는 걸 발견했다. 그는 이를 자기 본업인 자동차 판매에 연결했다. 그렇게 '250의 법칙'이 탄생했다. 여기에는 한 사람이 평생 관계를 맺는 사람의 수가 250명 정도라는 의미가 담겨있다. 즉, 1명 뒤에는 250명이 숨어있다고 볼 수 있다. 그러니 한 사람에게 신뢰를 얻는다면, 250명에게 신뢰를 얻는 것과 같다. 반대로 한 사람에게 신뢰를 잃으면, 250명에게 신뢰를 잃는 것이다.

나는 이를 내 업무와 관계에 적용했다. 우선 강의를 시작하면서 250의 법칙을 꼭 언급하면서 청중의 몰입도를 끌어올린다. 그들이 얼마나 가치 있는 존재이고, 함께하는 시간이 어떤 가치가 있는지를 강조한다. 어느 순간부터는 0을 두 개 더 붙여서 '25,000의 법칙'으로 전한다. 이유인즉, 나는 영향력을 끼치길 꿈꾸는 리더를 많이 만나는데, 자기 계발을 하는 사람들은 대개 미래에 대한 강한 열망과 변화에 대한 의지가 높은 사람이다. 나는 그들이 시작이 어떻든지 결국은 창대하게 될 사람이라 믿는다. 그래서 단 4명 앞에서 강의할 때도 월드컵 경기장에서 6만 명의 관중이 집중하고 있다는 마음으로 임했다. 이를 실천한 후로 인원수, 무대 규모에 연연하지 않고 한결같이 최선을 다하게 됐다. 한 사람에게 집중한 것이다. 그 자세로 지식창업을 시작한 첫 달에 80명과 1:1로 통화했다. 그 행동은 사람들에게 큰 신뢰를 얻게 했고, 신뢰는 곧 매출로 직결됐다. 살짝 고백하자면, 0에서 출발해 첫 달에 1,000만 원의 수익을 냈다.

그로부터 2년 후 한 여성의 전화를 받았다. 나로 인해 인생이 바뀌었다는 내용이었다. 재미있는 점은 그녀는 2년 전에 내가 통화했던 80명 중 한 사람이었다는 사실이다. 그녀가 말하길 "단돈 만 원짜리 모임에서도 나 한 사람을 위해 1시간을 넘게 투자해 준 게 큰 감동이었다."며 "나의 '기버 정신'을 통해 인생을 바라보는 관점이 바뀌었다."고 했다. 그리고 이어서 현재 순자산으로 30억 이상의 부자로 성공했으며, 자신의 커뮤니티에 나를 강연자로 초대하고 싶다고 했다. 이렇듯 250의 법칙은 사람에 대한 몰입도를 바꾸고, 내 운명과 남의 운명까지도 바꾼다.

한 사람을 한 사람으로 생각하지 마라.
한 사람 뒤에는 250명 이상의 사람이 숨어있다.
한번에 한 사람에게 집중하라.
한 사람을 대하는 태도를 보면 그 사람의 내일이 보인다.

| 반드시 해낼 거라는 믿음을 주는 질문 |

어느 분야에서든 성공하려면 몰입해야 한다고 강조한다. 몰입의 법칙을 알았으니 이제는 몰입해야 할 순간이다. 아래는 흩어진 생각을 한곳에 모아 당신이 나아갈 방향을 설계해 줄 질문이다.

<몰입을 돕는 3가지 질문>

질문 1

현재 내가 겪고 있는 문제의 핵심은 무엇인가?

_____

_____

질문 2

문제를 해결하기 위해 내가 할 수 있는 일은 무엇인가?

반대로 내가 할 수 없는 일은 무엇인가?

_____

_____

질문 3

한번에 한 가지, 한번에 한 사람에게 집중하는가?

에너지를 분산시키는가, 한곳에 집중시키는가?

_____

_____

긍정의 힘을 제대로 활용하는 법

　'초유'는 출산 후 3~4일 동안 분비되는 젖이다. 여기에는 일반 우유보다 5배 이상의 단백질과 면역에 중요한 역할을 하는 면역 글로불린이 80배 이상 함유돼 있다고 한다. 이 사실을 미루어 보면 갓 태어난 아기에게 초유는 반드시 필요하다. 너무도 연약한 존재인 데다가 주변에 도사리는 균에 대한 저항력을 아직 갖추지 못했으니 말이다. 신기하게도 초유가 끊기면 성숙유가 나오는데, 아이의 고른 성장 발달에 도움이 되는 맞춤형 영양이 함축되어 있다고 한다. 이처럼 세상 모든 일에는 '기한'이 있고, '정해진 때'가 있다. 그리고 시기마다 할 일이 다르고, 처한 상황의 중요도가 달라진다.

　같은 맥락으로 아이가 엄마의 젖을 먹으며 성장하듯, 어른은 누군가를 통해 배우며 성장한다. 다시 말해, 우리를 성장시키는 것은 외부의 영향이고, 누구에게 무엇을 얼마나 받아들이느냐에 따라 앞으로의 운명이 달라진다. 그러니 나를 성장시켜 주는 사람을 지속해서 만나야 한다.

초유의 예와 같이, 한 사람이 인생을 변화시키기 위해 자기 발전에 힘을 쏟고, 성장하는 초기에는 '결핍'이 중요한 자원이 된다. 왜냐면 결핍으로 인해 느끼는 열등감과 이를 반드시 극복해 내겠다는 결연한 의지나 열정은 시작할 때 강하게 느낄 수 있는 감정인데, 그 와중에 외부로부터 오는 새로운 지식과 때로는 할 수 있는 게 아무것도 없는 듯한 자신의 무력함을 받아들인다거나, 패배의 쓴맛을 보게 되면, 그 자체가 앞으로의 성장에 큰 밑거름이 되어서다.

반면, 이 시기에는 '있는 모습 그대로를 사랑하자.'거나 '작은 일에도 감사하자.'거나 마냥 잘될 거라는 낙관주의적인 자세는 변화를 방해할 수 있다. 결핍과 아픔을 자원으로 활용하고, 무엇이 문제인지를 발견해 이를 해결해 나가야 '마음 면역력'이 생겨서 같은 문제를 만나도 흔들리지 않고 의연할 수 있는데, 문제를 외면하고, 남에게 위로받으며, 마냥 잘될 거라는 믿음은 결코 우리를 원하는 미래로 이끌지 않는다. 오히려 나를 점점 더 나약하게 만들 뿐이다. 더 솔직하게는 긍정적인 생각만으로 모든 게 가능하다고 말하는 사람이 있다면, 내 귀를 즐겁게 해준 뒤에 내 지갑을 열려는 목적이니 환상에서 깨어나야 한다.

이런 내 말이 다소 냉혹하게 느껴질지도 모른다. 하지만 나는 현실을 외면한 감성적인 위로를 하며, 희망을 파는 사람이고 싶지 않다. 실제로 희망은 현실이 혹독하고, 차갑고, 더럽고, 어둡다는 사실을 인정하는 데서 시작한다. 예전에 어디선가 이런 말을 들은 적이 있다. "우리의 인생은 아름답고 향기로운 꽃밭에서 꽃을 따는 것이 아니라 똥통 같은 현실에서 나만의 작은 꽃 한 송이를 일궈 나가는 것이다.”

　맞다. 세상은 그렇게 낭만적이지 않고, 아름답지만은 않다. 여기에 ‘선한 영향력을 끼친다는 전대진 작가가 왜 이런 말을 하지?’란 생각이 들 수도 있다. 그러나 ‘긍정’과 ‘낙관’을 구분할 수 있어야 한다. 너무도 많은 사람이 긍정과 낙관을 동의어로 착각하고, 혼용하는 모습이 보이는데, 사전적으로도 이 둘은 완전히 다르다. 우선 전자는 ‘그러하거나 옳다고 인정하는 것, 바람직한 것’, 후자는 ‘인생이나 사물을 밝고 희망적인 것으로 보는 것’이라는 의미를 가진다. 다시 말해, 긍정positive은 현실의 영역이고, 낙관optimistic은 믿음의 영역이다. 실제 영어 표현에서도 긍정을 뜻하는 ‘positive’는 ‘현재 상황이나 문제를 해결하는 방법에 대한 태도’를 말하고, 낙관을 뜻하는 ‘optimistic’은 ‘미래에 좋은 일이 일어나리라는 믿음’을 강조한다. 이 점을 감안해 만일 당신이 한 회사를 이끌며 누군가의 생존을 책임져야 하는 대표라면, 긍정적인 사람과 낙관적인 사람 중에 누구에게 일을 맡기고 싶은가? 답은 이미 정해져 있다. 긍정적인 태도는 꼭 필요하지만, 근거 없는 낙관은 위험하니까.

　한편, 도서 누적 판매가 6,500만 부 이상인 글로벌 밀리언셀러 스펜서 존슨은 그의 저서《선물》에서 현재의 순간을 선물로 만들기 위해서는 낙관적인 믿음이 아니라 긍정적인 태도가 있어야 한다며 “이 순간을 가장 잘 사는 법은 지금Now 나에게 가장 옳은Right 일에 집중하고, 그 일을 바로 지금Right Now 하는 것이다.”라고 한다.

다시 긍정과 낙관의 설명을 더 하자면, 긍정은 사실을 인정하고, 내가 할 수 있는 가장 옳고 바람직한 행동을 취하는 것이며, 낙관은 사실 여부와 관계없이 앞으로의 미래가 밝고, 희망적일 거라고 믿는 것이다. 그리고 긍정은 현실을 사실 그대로 바로Right 보는 것이고, 낙관은 현실을 사실보다 좋게Good 보는 것이다. 또 긍정은 스스로 문제를 찾아 해결하게 하지만, 낙관은 언젠가는 문제가 해결될 거라고 기대한다. 이로써 긍정은 현실적인 태도이고, 낙관은 희망적인 믿음이라고 할 수 있다. 그러므로 가장 이상적인 태도는 제임스 루카스 작가가 쓴 《패러독스 리더십》에서 말하는 '현실적인 낙관주의자'가 되는 것이다. 즉, 현실적인 낙관주의자가 되도록 실제를 바로 보고, 옳은 방법으로 실행해야 한다. 그뿐만 아니라 과정에서는 할 수 있는 최선을 다해야 한다. 그런 다음 결과에 대해서는 희망을 품고 기대하면 된다.

그렇다면 비현실적인 낙관주의인 '가짜 긍정'이 아닌 현실적인 낙관주의인 '진짜 긍정'의 힘을 삶에 제대로 활용하려면 어떻게 하면 될까? 다음 3단계가 바로 그 실천법이다.

<진짜 긍정의 힘을 활용하는 법 3단계>

1단계, 현재 무슨 일이 벌어지고 있는지 현실을 있는 그대로 바라보라.

→ 현실

2단계, 내가 진정으로 바라는 미래 목표나 바람직한 상태를 떠올려라.

→ 소망

3단계, 바라는 것(소망)과 현재 일어나고 있는 일(현실) 사이의 차이를 좁혀가라.

→ 문제 해결

아래는 '가짜 긍정'이 아닌 '진짜 긍정'의 힘을 삶에 적용하게 해주는 질문이다. 부디 낙관주의에 빠지지 말고, 명확한 미래 설계로 긍정적인 인생을 디자인해 나가라.

<진짜 긍정의 힘을 발휘하게 하는 3가지 질문>

질문 1

현재 내 삶에 벌어지고 있는 일이 무엇인가?

_____

_____

질문 2

앞으로 내 삶에 어떤 일이 일어나길 바라는가?

_____

_____

질문 3

내가 바라는 삶을 위해 지금 내가 할 일은 무엇인가?

_____

_____

기버가 에너지 소진을 막는 7가지 전략

세계적인 석학 애덤 그랜트의 저서 《Give and Take》에서는 기버가 호구로 전락 당하지 않는 여러 가지 전략을 제시한다. 아래는 그것을 내 삶에 실제로 적용해 본 결과, 도움이 된 부분을 나만의 방식으로 새롭게 정리한 내용이다.

첫째, 내 삶의 구제와 변화를 우선하라.

이는 100번을 강조해도 지나침이 없다. 실제로 물에 빠진 사람은 남을 구할 수 없다. 그러니 지금 당신은 오지랖을 부릴 때가 아니다. 병적인 이타주의를 버려라. 본인이 그러한지 아닌지 체크할 수 있는 확실한 방법이 있다. 당신이 하는 행동이 다른 사람에게 본이 되고, 동기 부여로 작용하는지, 걱정과 우려를 사는지 스스로 물어봐라. 부디 내 앞가림부터 똑바로 해라. 내 인생부터 구제하는 게 최우선이다. 내가 물에서 빠져나와서 잘살면, 자연히 물에 빠진 사람이 도와달라고 한다.

둘째, 도움을 줬다면 반드시 피드백을 요구해라.

과거의 나는 사람들에게 무료 특강을 하고, 강의 후기나 리뷰를 남겨달라는 요구를 한 적이 없다. 그저 대가 없이 선한 동기로 하는 게 아름답다고 생각했다. 물론 이 믿음도 훌륭한 정신일 수 있다. 그런데 이는 내 가치를 떨어뜨리는 태도다. 결과적으로 사람들에게 나와 함께하는 시간을 기대하지 않게 만들고, 소중함을 못 느끼게 함으로써 나 자신에게도 사람들에게도 악영향으로 돌아오니까. 이 사실을 인지하고부터는 후기를 요청했다. 그랬더니 긍정적인 피드백이 더 많은 이에게 알려지면서 내 도움이 필요한 사람들이 나를 찾아오게 했다. 더불어 후기를 남긴 그들에게는 자신이 성장하고, 도전하는 과정을 담은 소중한 기록물로 남았다. 간혹 블로그에서 나로 인해 삶이 변화됐다는 글을 보게 된다. 그리고 그 아래에는 '저도 그렇게 해볼게요!'라는 댓글이 무수히 달려있다. 이처럼 내게서 영향 받은 사람들이 나에 대한 좋은 입소문을 내고, 나아가 또 다른 사람에게도 좋은 영향을 주는 모습을 보며, 나는 내가 하는 일의 의미를 깨닫고, 다시 힘차게 일할 수 있는 힘을 얻는다. 이를 통해 알 수 있듯 본인이 하는 일이 미치는 영향력을 직접 경험하면, 기버의 에너지 소진은 줄어든다. 또 자신이 하는 일이 어떤 변화를 일으키는지 알면, 더 많이 기여할 힘을 얻는다. 이 과정을 거쳐 결국 성공한 기버가 되면, 다른 사람도 이타적으로 변하도록 동기를 부여한다.

셋째, 다른 사람을 도와라.

나는 과거에 한 단체에서 소그룹 리더로 활동한 적이 있다. 그런데 시간이 흘러도 소그룹 원의 삶에는 아무런 변화가 없었고, 그들은 그 어떤 시도도 하지 않았다. 그들은 무기력했고, 약속 시간도 번번이 어기곤 했다. 그로 인해 심신이 지쳐갔다. 그러다가 SNS에서 상담을 요청하는 사람들이 있어 그들의 고민을 들어주고, 조언을 곁들였더니 다들 눈물까지 흘리며 고마워했다. 그때부터 정기적으로 고민을 들어주는 활동을 했다. 어찌 보면 일이 더 추가된 것인데, 나는 활력을 되찾았다. 그리고 기존의 소그룹 리더 역할도 잘 해낼 수 있었다. 그러니 내가 그랬듯 소진됐다면, 새로운 집단을 돕고, 다른 맥락으로 기꺼이 들어가라. 기버는 다른 동기 부여가 필요하다. 예를 들어, 기버에게는 단순히 돈을 많이 받는 것이 동기 부여로 작용하지 않는다. 대신 나로 인해 다른 사람의 삶에 긍정적인 변화가 일어나고, 그 변화를 느끼고, 감사를 전할 때 엄청난 힘을 얻는다. 한번 더 말한다. 소진됐을 때는 하던 일을 그만두고 쉬기보다 새로운 집단의 사람들을 도와봐라.

넷째, 시간을 구분해서 도와라.

기버가 갖춰야 할 중요한 자세는 바로 '시간 관리 능력'이다. 그런데 상대가 원하는 때에 언제든지 부르면 달려가는 구조대원이 된다면, 결국 내 삶이 흔들리고, 무너진다. 이는 결과적으로 번 아웃을 부른다. 나도 7년 전에 연락처를 공개하고, 상담을 해주다가, 새벽 3시가 넘어도 시도 때도 없이 오는 연락에 삶의 패턴이 무너져서 고생한 적이 있다. 그 이후 연락처를 알려주지 않고, '내가 가능한 시간에, 한번에 몰아서' 사연을 듣는 라이브 방송으로 전환했다. 그러자 더 많은 사람의 이야기를 듣고, 더 효과적으로 도울 수 있었다.

다섯째, 다른 사람에게 도움을 요청해라.

실패한 기버들은 하나 같이 똑같은 공통점이 있다. '주는 건 좋아하고, 받는 건 불편해한다.'는 것이다. 이렇게 되면 결국 소진된다. 잘 받아야 잘 줄 수 있다. 생각해 봐라. 섭취 없이 배설만 있다면? 들숨 없이 날숨만 있다면? 충전 없이 사용만 한다면? 죽는다. 그건 제정신이 아니다. 기버가 계속 기버로 살기 위해서는 나에게도 주는 존재가 필요하다. 그래야 계속 줄 수 있다. 주변에 도움과 조언을 구하고, 필요한 지원을 받고, 자원을 얻어 에너지를 유지해라.

여섯째, 거절하는 법을 연습해라.

거절하는 방법을 모르는 예스맨 인생이 되면 망한다. 그건 기버가 아니라 호구다. 기버는 부른다고 다 가고, 달라고 한다고 다 주는 호구가 아니다. 기버는 가치를 창조하는 사람이고, 타인의 삶에 변화를 일으키는 사람이다. 바꿔 말하면, 가치를 창조할 만한 상황이 아니고, 변화를 기대할 수 없다고 판단되면, 얼마든지 거절할 수 있다는 뜻이다. 지혜롭게 거절해라. 절대로 예스맨이 되지 마라. 악영향을 주는 사람들을 거부할 수 있는 내공을 키워라.

일곱째, 지혜롭게 베풀어라.

이는 준비된 사람을 도우라는 의미다. 도움받을 자격과 마음의 준비가 된 사람을 도와야 한다. 긍정적 피드백을 약속한 사람과 기꺼이 행동으로 옮길 준비가 된 사람을 도와라. 성실하고, 감사하고, 긍정적인 영향을 주고받을 수 있는 사람과 함께 성장해라. 그러려면 맡겨 놓은 것처럼 요구하거나, 오만한 사람, 나태한 사람, 평판이 안 좋은 사람을 경계하고 조심하는 게 좋다.

| 반드시 해낼 거라는 믿음을 주는 질문 |

좋은 영향력을 오랫동안 나누기 위해서는 그 무엇보다 에너지 관리가 필수다. 하지만 이따금 이를 망각하는 경우가 있는데, 혹 체력도 멘탈도 소진된 느낌이 든다면 아래 질문에 솔직하게 답해보는 시간을 꼭 가져봐라.

<에너지 소진을 막는 7가지 질문>

질문 1

먼저 내 삶의 중요한 우선순위에 집중하는가?

_____

_____

질문 2

상대방에게 도움을 주고 피드백을 요구하는가?

_____

_____

질문 3

새로운 사람과 환경에 나를 밀어 넣고 있는가?

_____

_____

질문 4

시간을 관리하는가, 매사에 남에게 끌려다니고 있지는 않은가?

질문 5

주변에 필요한 도움을 요청하는가, 어떻게든 혼자서 해보려고 하는가?

질문 6

거절을 잘하는가, 내키지 않지만 거절을 못해서 억지로 하고 있지 않은가?

질문 7

진짜로 도와야 할 사람을 돕고 있는가, 아니면 이용당하고 있는가?

열정을 유지하는 방법 3가지

바쁜 일상을 살다 보면 열정을 계속해서 이어가는 일이 쉽지만은 않다. 그런데도 우리가 끊임없이 열정을 찾으려고 하는 이유는 무엇일까? 아마도 열정이 좋은 성과를 내는 데 큰 버팀목이 되어주어서인 듯하다. 그렇다면 꺼져가는 열정의 불씨는 어떻게 살려낼 수 있을까? 그 3가지 방법을 공유한다.

첫째, 열정적인 사람과 가까이 지내거나 열정적인 환경에 노출한다.

《성과를 지배하는 바인더의 힘》,《독서 천재가 된 홍 팀장》의 저자 강규형 대표는 언제나 강의에서 "열정은 목소리가 큰 게 아니라 지치지 않는 것"이라 외친다. 나는 내가 가장 힘들고, 가난하고, 어려웠던 시절에 그의 강의를 듣고, 희망과 용기를 얻었다. 마치 불씨가 번져나가듯 그의 열정이 내 가슴에 고스란히 전해졌다. 그 이후로 나는 열정의 불씨를 꺼트리지 않았다. 아니, 다음 2가지의 행동으로 꺼트리지 않기 위해 노력했다는 표현이 더 정확하겠다.

우선 열정의 불씨가 약해졌다 싶으면 정기적으로 교육을 다시 들으러 갔다. 또 생각날 때마다 멘토에게 안부 전화를 했다. 안부의 목적도 있었지만, 솔직하게 고백하자면 멘토의 목소리를 듣는 자체만으로도 심리적 효과가 컸다. 가장 힘들었던 시절의 초심, 뜨거웠던 시절의 열정으로 다시 돌아가니 말이다. 여기에 더해 각종 모임에 참여했다. 독서 습관을 지속하고 싶다면 다른 사람들과 독서 모임을 해버리면 되고, 책을 쓰고 싶다면 책 쓰기 모임에 들어가면 된다. 혼자서 은밀하게 결심하면 그건 안 하겠다는 말과 같으니까. 이는 '오래 가려면 함께 가라.'는 말을 적용한 것이기도 하다. 그리고 거기서 내가 나눌 수 있는 부분은 작은 거라도 나누고자 했다. 그러면 나도, 상대방에게도 열정의 불씨가 올라오는 게 느껴졌다.

둘째, 어설픈 완성일지라도 다른 사람들의 변화를 돕는다.

'풍전등화'라는 말이 있다. 당연히 바람 앞의 등불은 위태롭다. 금방이라도 불씨가 꺼질 것만 같다. 그럼 그 상황에서 불씨를 꺼트리지 않는 가장 좋은 법이 뭘까? 바람을 막는 것? 아니다. 불씨를 다른 곳에 붙여서 더 키우면 된다. 우리가 수많은 동기 부여 강의를 듣고도 그 열정이 금방 식어버리는 이유는 열정의 불씨를 다른 곳으로 붙이지 않기 때문이다. 그러므로 열정을 지속하고 싶다면 다른 사람의 변화를 도우면 된다. 완벽하지 않아도 괜찮다.

내 경험상 사람들의 변화를 돕는 건 내 언변이나 기술이 아니라 '함께하는 시간'이었다. 실제로 수강생들과 대화하면서 깨달은 사실 하나는 사람들은 '완벽하게 설명해 주는 사람'이 아니라 '완성까지 함께해 줄 사람'을 필요로 한다는 점이었다. 그로부터 용기를 얻은 나는 사람들이 이루는 어설픈 완성을 지지하고, 용기를 주기 시작했다. 그렇게 리더가 되어 갔다. 다시 한번 말한다. '완벽'이 아니라 '완성'을 목표로 해라. 다른 사람의 어설픈 완성을 도와라.

셋째, 감동을 만드는 공식을 활용해서 공유한다.

열정을 지속하면 그날의 하루는 '드라마'가 된다. 여기서 주목해야 할 단어는 드라마다. 모든 인기 드라마, 영화, 소설, 콘텐츠의 공통점은 '스토리'가 있다는 것이다. 사람들은 스토리에 빠져들고, 열광하고, 해피엔딩을 원한다. 그러나 해피 '엔딩'을 원하지, 처음부터 끝까지 마냥 '해피' 하기만 하다면 그 스토리의 가치는 급락할 것이다.

이는 세월이 흘러도 달라지지 않는다. 실패를 딛고 마침내 성공을 이루거나, 절망 속에서 희망을 품고 용기를 발휘하거나, 어려움을 자원 삼아 전화위복의 기회로 만든 역전이 있는 휴먼 스토리를 좋아한다. 사람들이 이런 스토리에 열광하는 이유가 뭘까? 바로 '과정'이 있어서다. 이렇게 사람들은 주인공이 어려운 상황을 극복하면서 성장해 나가는 모습에서 감동한다. 참고로 인간이 느낄 수 있는 감정 중 최악의 나락은 '체념'이고, 최상의 절정은 '감동'이다. 그러니 감동을 만드는 공식을 기억해 당신만의 스토리를 완성해 봐라. 그리고 그 내용을 다른 사람들이 볼 수 있도록 공유해라. 그것이 사람들의 감동을 불러일으키면, 사라진 열정도 다시 살아날 것이라 확신한다.

앞서 과정이 있는 스토리는 감동을 불러온다고 말했다. 아래는 나만의 감동 스토리를 만드는 양식이다. 빈칸을 채워서 당신만의 과정을 담은 스토리를 완성해라. 그리고 주변 사람들에게 공유해라. 그럼 놀라운 일이 일어날 것이다. 혹, 작성이 어려우면 '전대진의 감동 스토리'를 참고해도 좋다.

<전대진의 감동 스토리>

나 전대진은

지속된 가난과 거듭된 실패, 내면의 상처로 인해 나에게 실망하곤 했습니다.

도저히 꿈을 꿀 수 없었지만,

그럼에도 불구하고 다시 내가 바라는 인생과 사랑하는 사람들을 위해

용기를 냈습니다.

물론 쉽지는 않았습니다.

하지만 도전하는 과정에서 많은 스승을 만나고,

책, 교육을 만나고, 배우는 과정에서 성장을 거듭하며,

많은 기회를 만났습니다.

준비와 기회가 만나면 기적이 일어납니다.

제가 할 수 있다면 당신도 할 수 있습니다.

당신도 꿈과 사랑하는 사람을 위해 용기를 내서 시도해 보세요.

〈_____의 감동 스토리〉

나 _____은(이름)

_____로 인해(현실 문제, 한계 상황, 인생의 벽)

_____ 했습니다.(과거의 태도)

도저히 _____을(를) 할 수 없었지만,(바라는 상황, 원하는 목표)

그럼에도 불구하고 다시 _____을(를)

위해 용기를 냈습니다.(도전, 시도)

물론 쉽지는 않았습니다.

하지만 _____는 과정에서

_____ 일이 생겼습니다.(성장 과정에서 생긴 변화)

_____(나의 인생 좌우명, 전달하고 싶은 교훈)

_____(격려하기)

당신도 _____

위해 용기를 내서 시도해 보세요.(동기 부여)

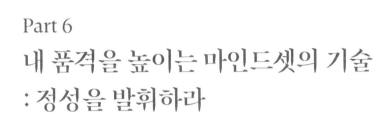

Part 6

내 품격을 높이는 마인드셋의 기술
: 정성을 발휘하라

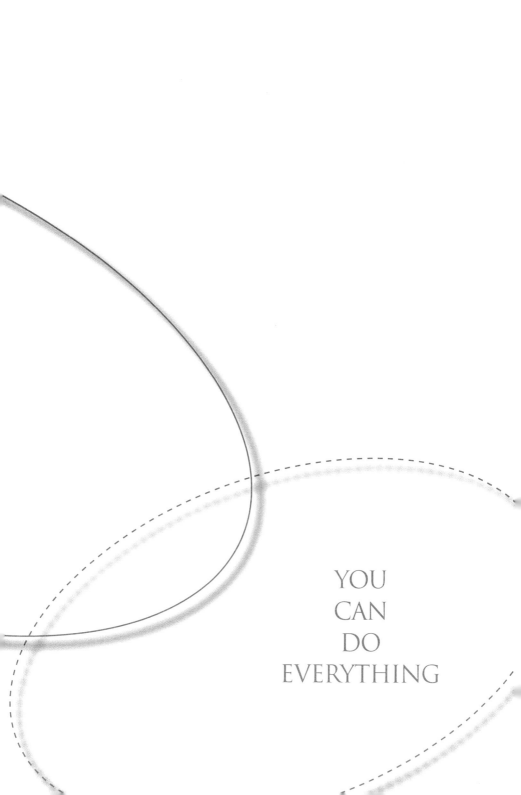

YOU
CAN
DO
EVERYTHING

남다른 하루를 사는 모닝 마인드셋

그날의 열정은 그날 다 쏟아라.

내 안에 남겨진 열정이 없게 하라.

그날 나온 음식을 다 배식해서 나누지 않으면

결국 음식물 쓰레기가 되듯이,

그날의 열정을 그날 다 쓰지 않으면

열정이 남는 게 아니라

고스란히 후회와 미련이라는 쓰레기로 남는다.

내 하루를 쓰레기로 채우지 마라.

그날의 열정을 그날 다 쓰면,

나는 하루하루 더 보석이 되어간다.

오늘 내가 하는 모든 말과 행동과 선택과

내가 만나는 사람들과 보낸 모든 시간이

보석을 채우는 시간이 되게 하라.

나도 상대방도 쓰레기통이 아니라 보석상자다.

나는 내 인생을 빛나는 보석으로 채울 것이다.

* 이는 실제로 내 사무실 책상 정면에 부착해 둔 '하루 선언문'이다.

매 순간을 소중하게 만드는 마인드셋

축구선수 손흥민이 경기를 시작하기 전에 열심히 몸을 풀다가
항상 몇 초간 멈추어 기도하는 모습이 카메라에 잡힌다.

그런데 그 기도의 내용은
'골 넣게 해주세요. 오늘 경기에서 이기게 해주세요.'가 아니라
'오늘도 후회 없는 경기를 할 수 있게 해주세요.'였다고 한다.

결과에 대한 것이 아니라 과정 자체에 집중하는 것이다.
결과는 사람의 영역이 아니지만,
과정에 임하는 자세는
내가 얼마든지 바꿀 수 있으니까.

나도 하루를 시작할 때 읊조리는 기도가 있다.

"오늘도 내가 하는 모든 일과 말과 행동,
내가 내리는 모든 선택이 누군가에게
소중한 선물이 되게 해주십시오.
누군가에게 선물과 같은 존재가 되고 싶습니다.
오늘의 제 삶이 누군가의 식어버린 열정에
불을 지펴서 다시 가슴을 뛰게 하고,
저 자신과 주변 사람들에게 감동을 주는 하루를 살 수 있도록
제게 새로운 힘과 지혜와 기회를 주십시오."

그리고 나는 소망한다.
이 기도가
누군가의 삶에 아름다운 소식을 담은 편지가 되길,
삶에 지쳐 마음이 상한 사람들에게 좋은 약이 되길,
'할 수 없다.'고 한계를 정한 이에게 '할 수 있다.'는 용기를 주길,
환경에 억눌리고 갇힌 이에게는 자유를 주길,
앞으로 나아갈 목적과 목표를 바라보지 못하는 사람들에게는
다시 눈을 뜨게 하고, 나아갈 힘을 전하는 사람이 되길.

인생의 수준을 바꾸는 마인드셋

"손목에 찬 팔찌는 뭐예요? 무슨 글씨가 있는 거 같은데?"

사람들은 내가 늘 손목에는 차고 있는 황금색 팔찌 안에 새겨진 내용에 대해 묻는다. 이 팔찌 안에는 총 4개의 문구가 적혀있는데, 세계적인 리더십 컨설턴트이자 《칭찬은 고래도 춤추게 한다》의 저자 켄 블랜차드의 《열광하는 팬》이란 절판 도서를 읽고, 영감을 얻어서 곧바로 적용한 것이다. 팔찌 문구의 내용은 이렇다.

> Decide what you want.
>
> 당신이 원하는 것을 결정하라.
>
> Discover what the others wants.
>
> 상대방이 원하는 것을 발견하라.

> Deliver plus one.
> 하나를 더 전달하라.

이 중에서도 세 번째의 'Deliver Plus One.'이 특히 중요하다고 믿는데, '항상 1%씩 추가해서 비전을 전달하라.'는 내용을 줄인 것이다. 또 여기에는 두 사람을 향한 메시지가 담겨있다.

나 자신을 향해서는 "사람은 당연히 완벽할 수 없습니다. 하지만 매일 조금씩 덜 틀리는 사람이 되고 싶습니다. 더도 말고 덜도 말고 매일 1%씩 개선해 나가겠습니다. 나 자신에게 어제보다 1% 더 성장할 기회를 주셔서 감사합니다."

상대방을 향해서는 "상대방이 요청하고 기대한 것보다 '하나라도 더' 줄 수 있는 사람, '한 사람이라도 더' 도울 수 있는 인생이 되고 싶습니다. 언제나 상대방이 기대한 것 이상의 가치를 주는 사람이 되도록 오늘의 한 걸음을 멈추지 않겠습니다."

모두 내가 가져야 할 자세에 대한 다짐이다. 그리고 나는 여기에 하나의 문장을 더 추가했다.

> Desire to eternal values, consistently!
> 영원한 가치를 갈망하라, 일관성 있게!

어디서든 존중받는 사람이 되는 마인드셋

최근 3년간 화상으로 사람들과 많이 만나게 되면서 내 PC 모니터 하단에 2개의 문장을 붙여두었다, 그리고 미팅하기 전에 반드시 읽고, 마음가짐을 새롭게 한 다음 상대를 만난다. 사람을 만날 때마다 내가 마음에 새기는 문장은 아래와 같다.

> "인사가 인생을 바꾼다. 박수와 호응은 섬김이다. 감사의 수준이 인생의 수준이다."
>
> "신의 형상인 상대방을 판단하지 말고 존중하라. 상대방을 존중하려면 박수치고 경청하라. 경청하려면 상대방의 행복을 위해 진심으로 기도하라."

성경에서는 우리 인간을 '신의 형상'이라고 한다. '형상'은 영어로는 'image'이고, 히브리어로는 '첼렘ᵈᵉᵐ'이라 하는데, 이는 '닮음'이란 뜻이다. 다시 말해,

모든 인간은 '신과 닮은 존재'이기에 고귀하고 존귀한 존재란 의미다. 이를 일상에서 늘 의식하게 되니 상대방을 대하는 내 태도가 180도 바뀌었다. 또 내가 상대를 귀하게 대하는 만큼 상대도 나를 귀하게 대해주었다.

실제로 나는 강의나 토크쇼, 방송 촬영 현장에 도착하면, 가장 먼저 그날 서게 될 무대의 위치나 조명, 음향 등을 체크한다. 그 후, 시작하기 30분 전부터 누구의 방해도 받지 않는 장소로 간다. 그곳은 화장실이다. 화장실에 들어가 문을 닫고, 변기 앞에서 무릎을 꿇는다. 그런 다음 오늘 시간을 내어 참석했을 청중들을 상상하며, 스태프와 그들을 위해 기도한다. 그리고 '누군가의 삶에 도움을 줄 기회가 내게 주어지고, 나를 신뢰해서 찾아준 분들이 있음에 감사합니다.'라고 기도한다. 그리고 행사가 시작하기 전에, 사회자가 나를 소개하고 있을 때 대기석에서 1분 정도의 틈이 주어지면, 아주 잠시 눈을 감고 이렇게 기도한다. '오늘이 내 인생 마지막이라면 후회를 남기지 않도록 모든 열정을 쏟아내겠습니다. 내가 하고 싶은 말을 떠드는 게 아니라 청중들에게 꼭 필요한 말을 전하는 사람이 되겠습니다.'

이러한 태도를 지속하면 언제나 예상조차 못했던 놀라운 기회와 감사한 일이 이곳저곳에서 찾아왔다. 이유는 하나다. 인생의 모든 기회는 사람을 통해서 찾아오니까. 여기에 동의한다면 아래의 문장을 소리 내서 읽어보자.

사람들은 모두가 마음을 가진 존재이고, 마음에는 '문'이 있는데,
사람들의 마음은 그들을 대하는 내 '태도라는 노크'로 열린다.

사람을 대하는 마인드셋

나는 어딜 가든 청중이 그들 자신을 위해 박수를 쳐주는 시간을 갖게 한다. 왜냐면 진짜로 박수를 받아야 할 사람은 초대된 내가 아니라 그 자리를 채운 개개인이니까. 실제로도 나는 그들을 그들 인생에서 가장 수고하면서 하루하루를 이어 나가는 대단한 존재라고 생각한다. 이런 나의 견해와는 달리 우리의 박수는 언제나 남이나 유명 인사를 향해 있다. 이로써 평범한 인생을 위해 박수를 쳐주는 일이 거의 없다. 그래서 나는 나와 함께하는 시간만이라도 그들이 주인공이 됐으면 한다. 그리고 이런 마음을 먹고 나서부터는 모든 강의나 코칭, 교육, 미팅 등의 자리에서 꼭 하는 말이 있다.

"여러분은 삶의 변화를 위해 힘쓰는 분들인 만큼, 분명 여러분에게 영감과 도전과 힘을 주는 멘토, 길잡이, 롤모델이 되는 분이 있을 겁니다. 혹은 그런 사람을 찾는 중인 분도 있겠죠. 우리는 그렇게 내가 닮고 싶은 사람의 영향을 받으면 받을수록 더 많은 변화를 경험합니다. 또 롤모델의 가치관이나 그가 한 말이 큰 울림이 되어 내가 나아갈 방향으로 설정하기도 하고, 내 삶을 계속 끌고 갈 원동력이 되기도 합니다. 그런 점에서 비춰봤을 때, 제 인생의 멘토와 롤모델은 예수님입니다. 저는 예수님을 주님이라 부릅니다. 그런데 제가 가장 사랑하고, 최고의 가치라고 믿는 그분이 성경이라는 책에서 '무슨 일을 하든지 마음을 다해 주께 하듯 하라.'고 하셨습니다. 그리고 성경은 우리 인간을 '하나님의 형상'이라 했답니다. 그러니 저에게 있어서는 여러분이 '눈에 보이는 주님'입니다. 여러분, 저는 부족한 사람입니다. 하지만 부족하기에 노력하고 싶습니다. 저는 완벽할 수 없습니다. 하지만 평생 더 나은 사람이 되기를 노력하는 사람이고 싶고, 매일 덜 틀리는 연습을 하고 싶습니다. 말과 행동 그리고 앎과 삶이 일치하도록 노력하고, 오늘도 제게 주어진 선물 같은 하루를 그렇게 살고 싶습니다. 그래서 여러분의 도움이 필요합니다. 제가 여러분에게 최선을 다할 기회를 주십시오. 저와 함께하는 시간이 여러분에게 선물이 되면 좋겠습니다. 여러분께 바라는 것은 2가지입니다. 첫째, 이 순간에 집중하는 것입니다. 둘째, 오늘 들은 이야기를 여러분의 삶에 실제로 적용하는 것입니다. 저는 여러분의 성공과 행복을 돕기 위해 이 자리에 왔습니다. 여러분의 행복과 성공이 제 꿈이니까요. 그래서 저는 오늘 제 앞에 있는 여러분을 주님을 대하듯 할 것이며, 제가 할 수 있는 마음과 정성과 힘을 다해 이 시간에 모든 걸 쏟으려 합니다. 여러분, 제가 여러분께 그런 마음으로 대해도 될까요?"

이렇게 선언하고 나면 어떤 일이 벌어질까? 모든 사람이 감동한다. 또 강사와 청중이 온전히 그 시간에 몰입하는 게 느껴진다. 알다시피 몰입은 모든 성공의 가장 기본 재료이다. 그러니 그 강의는 성공적일 수밖에 없다. 더불어 나는 그 순간 '나 자신'이 된다. 이처럼 나는 매 순간 가장 좋은 것을 나와 사람들에게 주면서 정성스럽게 살고 싶다. 분명한 건 내가 남에게 줄 수 있는 가장 소중한 선물은 나 자신이라는 것이다.

지난 10년간, 많은 분에게 도움과 영향을 받았습니다. 이번 기회에 한 면을 빌려 정식으로 소중한 분들에게 감사의 인사를 전하려 합니다.

인생의 골짜기를 지나고 있을 때 한 줄기 빛처럼 다가와 성장의 시작을 도와주시고, '공부해서 남을 주자!' 정신을 삶으로 보여주신 3P자기경영연구소 강규형 대표님께 진심으로 감사의 마음을 전합니다. 내가 가장 보잘것없던 시절에 3P코치 과정에서 가장 가까이에서 첫 성장을 함께해 준 이재덕 마스터님 고맙습니다. 3P코치 과정에서 동기로 만나서 내가 지칠 때 포기하지 않도록 마음과 물질로 사랑을 베풀어 준, 지금은 천국에 계신 김현경 선배님 사랑합니다, 보고 싶습니다.

셀럽이 아니라 사업가로 탈바꿈하고, 인생의 위기를 기회로 바꾸도록 구체적인 비전을 찾도록 도움 주신 김형환 교수님, 내가 무료 특강만 하며 반쪽짜리 메신저일 때 수익화의 첫걸음을 도와준 박현근 코치님, 언제나 따뜻한 응원과 필요한 조언으로 함께 해준 안혜빈 대표님께 감사의 뜻을 표합니다.

'나는 될 수밖에 없다! 될 때까지 할 거니까!'라는 송수용 대표님의 DID 정신 덕분에 수많은 멘토를 만날 수 있었고, 제 삶에 놀라운 반전이 일어났습니다. 더 나은 내일을 향해 나아갈 수 있도록 한 달의 시작을 함께해 준 서성미 코치님, 하이퍼포머로서의 핵심 습관을 훈련하도록 도와준 김윤스키 코치님 덕분에 성공한 사람들의 습관을 장착할 수 있었습니다.

인스타그램이 해킹당해 다시 시작할 때 의지가 된 엠마쌤, 콘텐츠의 방향성을 못 찾아 방황할 때 도움 주신 오은환 대표님, 세계적인 지도자 리치 디보스를 알게 해주고, 기버의 삶이 현실화되도록 도와준 암웨이 김정연 리더님과 3경, 기버나비 팀 감사합니다.

내 인생의 변화가 일어나는 일에 결정적인 역할과 기회의 통로가 되어주신 연어로만 신효철 대표님, 역경을 딛고 희망을 품고 살아갈 때 꿈이 현실이 되는 삶을 몸소 보여주신 석봉토스트 김석봉 대표님 참 감사합니다.

'저렇게 살고 싶다.'는 마음을 품게 해주고, 내 가슴을 뛰게 했으며, 존재 자체로 내 인생에 가장 큰 영향과 도전을 준 사랑하고 존경하는 형님, 현승원 의장님. 의장님을 만난 건 하나님이 주신 소중한 선물입니다.

기버로 살면 한계가 없다는 걸 느끼게 해줬을 뿐만 아니라 한국을 넘어 세계를 향해 더 많은 사람의 삶에 선한 영향력을 끼치는 기버가 되는 꿈에 불을 지펴주고, 귀한 롤모델로서 어머니처럼 늘 아껴주시는 ㈜본아이에프 최복이 대표님 감사합니다.

마지막으로 이 책이 세상에 나오도록 가장 애써주신 마인드셋 출판사 권민창 대표님께 진심으로 감사의 마음을 전하고 싶습니다.

반드시 해낼 거라는 믿음

ⓒ전대진. 2024

초판 1쇄 인쇄 2023년 10월 26일
초판 5쇄 발행 2024년 01월 15일

지은이	전대진

편집인	권민창
책임편집	윤수빈
디자인	신하영, 이현중
책임마케팅	윤호현, 김민지, 정호윤
마케팅	유인철
제작	제이오
출판총괄	이기웅
경영지원	박상박, 박혜정, 최성민

펴낸곳	㈜바이포엠 스튜디오
펴낸이	유귀선
출판등록	제2020-000145호(2020년 6월 10일)
주소	서울시 강남구 테헤란로 332, 에이치제이타워 20층
이메일	mindset@by4m.co.kr

ISBN	979-11-93358-19-1(03190)

마인드셋은 ㈜바이포엠 스튜디오의 출판브랜드입니다.